TEXTOS EM CONTEXTOS

Reflexões sobre o ensino da língua escrita

SILVIA M. GASPARIAN COLELLO
(org.)

summus
editorial

TEXTOS EM CONTEXTOS
Reflexões sobre o ensino da língua escrita

Editora executiva: **Soraia Bini Cury**
Editora assistente: **Salete Del Guerra**
Assistente editorial: **Carla Lento Faria**
Projeto gráfico e diagramação: **Acqua Estúdio Gráfico**
Capa: **BuonoDisegno**
Impressão: **Sumago Gráfica Editorial**

Summus Editorial
Departamento editorial
Rua Itapicuru, 613 – 7º andar
05006-000 – São Paulo – SP
Fone: (11) 3872-3322
Fax: (11) 3872-7476
http://www.summus.com.br
e-mail: summus@summus.com.br

Atendimento ao consumidor
Summus Editorial
Fone: (11) 3865-9890

Vendas por atacado
Fone: (11) 3873-8638
Fax: (11) 3873-7085
e-mail: vendas@summus.com.br

Impresso no Brasil

SUMÁRIO

PREFÁCIO

Uma noite, na mesa do *Taberna Eruditorum*, encontram-se dois amigos: *Rattus Bibliothecae* e *Lector Insaturabilis*. O primeiro, um descobridor de leituras; o segundo, um leitor compulsivo.

– *Rattus*, há algo novo na livraria?

– Não vais acreditar! Só para começar, há o texto de Guimarães, em que ressalta o papel do aluno na construção do maior dos instrumentos sociais: a língua, oral e escrita. Dias se volta para as concepções de língua e de ensino e propõe a existência de diálogo entre escola, sociedade e material didático. Colello analisa os diferentes planos de "negociação de sentidos", incentiva o uso de diferentes gêneros textuais na escola, incluindo-se textos literários, por promoverem interpretações plurais e provocarem a ação dos múltiplos sentidos.

– Caro *Rattus*, só uma pergun...

– Espera, amigo *Lector Insaturabilis*. Preciso te falar de outros dois trabalhos, o de Teixeira e o de Valino. Em conversas com crianças que estão passando da Educação Infantil para o Ensino Fundamental, Teixeira constatou que, desde muito cedo, elas julgam o fazer da escola e emitem leituras críticas sobre esse fazer. Valino destaca o desejo do aluno que vai à Educação de Jovens e Adultos: tirar de si a marca de analfabeto nele tatuada. O ter livros simboliza seu passaporte para uma viagem a outro estado, o de alfabetizado, que lhe permite usar uma linguagem elaborada.

– Sinceramente, amigo *Rattus Bibliothecae*, além de um voraz descobridor de leituras, és um magnífico cerceador da palavra do outro!

– Não é bem assim, companheiro *Lector*. O caso é que dessa vez foram muitas novidades, e encontrei tudo no mesmo dia. Por exemplo, Luize, em sua pesquisa, constatou que as crianças realizam reflexões de natureza diversa enquanto escrevem ou discutem sobre o que

ou como escrever e assegura que, em situações vividas na escola ou fora dela, o uso do computador contribui para o processo de apropriação do sistema de representação da escrita pela criança. Castaldo desmascara o mito da impessoalidade exigido nas dissertações de vestibulares, mostra a subjetividade nos textos de vestibulandos e defende que a "impessoalidade não é factível" e que o candidato deve ser informado disso. No seu trabalho, Dutra se volta para a prática de sala de aula, especialmente para a análise de atividades de revisão textual no livro didático. Questiona a forma como se exige o gênero textual e reconhece haver descompasso entre os pressupostos que embasam as atividades, explicitados nas orientações para os professores, e a proposta de produção escrita.

– Caro *Rattus Bibliothecae*, encontraste algo sobre formação de professores?

– Claro, dois artigos, o de Sarraf e o de Silva. Para Sarraf, o texto deve ser utilizado para a criança compreender, ao mesmo tempo, o sistema alfabético e os usos da linguagem, ou seja, a língua como sistema e como ferramenta para leitura e escrita. Silva diz que o processo de formação deve considerar o repertório profissional e as experiências dos professores, respeitando suas trajetórias pessoais e favorecendo a reflexão sobre suas práticas pedagógicas.

– Disseste que encontraste tudo no mesmo dia. Então, compraste dez livros de uma só vez?

– Que nada! Aí está o lado bom! Imagine! Tudo isso está magistralmente reunido numa única obra: *Texto em contextos: reflexões sobre o ensino da língua escrita*. Cuidadosamente organizada, a obra reúne, em cinco partes, artigos de assuntos afins que formam um conjunto ordenado de leituras. Parte das concepções do professor sobre língua, de como isso interferirá na sua prática (Parte I), focaliza trajetórias da escola no tocante à aprendizagem da escrita (Parte II), aborda a compreensão do sistema de escrita, o desenvolvimento da produção escrita (Parte III), analisa a forma como o livro didático propõe a revisão textual (Parte IV) e volta o olhar para a formação docente (Parte V). Que chance! Ter reunidas tantas informações primorosas numa só obra!

Ana Célia Clementino Moura
Professora do Departamento de Letras Vernáculas e do Programa de Pós-Graduação em Linguística da Universidade Federal do Ceará

APRESENTAÇÃO

Trajetórias de um grupo, história de um livro

SILVIA M. GASPARIAN COLELLO

Tudo começou em uma mesa de bar. Não o bar da boemia, mas, em nosso caso, um bar da academia. Mais precisamente, uma lanchonete no *campus* da Universidade Estadual de Campinas (Unicamp). No período de 22 a 25 de julho de 2003, lá estávamos algumas de nós, participando do 14º Congresso de Leitura do Brasil (Cole), em meio à turbulência de milhares de participantes, vindos de todas as partes do país (quiçá até do exterior), que circulavam entre palestras, mesas redondas, comunicações de trabalhos, exposição de livros e mostras culturais.

No vaivém de tantas atividades, as pessoas vão se encontrando, às vezes, por meios previsíveis, como quando marcam hora e lugar; outras vezes, literalmente, por trombadas no corredor, o acaso da sorte que viabiliza contatos ou simplesmente põe diante de alguém um amigo perdido no tempo. É nessas ocasiões que "a união faz a força", porque, como em tantas situações interativas, no encontro de quatro professoras os ganhos do congresso foram multiplicados: cada uma com uma interpretação, um comentário, uma problematização, uma pergunta, uma indicação bibliográfica. Unidas por interesses em comum, eram muitas as ideias que mereciam ser compartilhadas.

Poderíamos perder essa riqueza após o término daquele congresso?

Foi assim que nasceu o Geal (Grupo de Estudos e Pesquisas sobre Alfabetização e Letramento): do encontro de pessoas interessantes e interessadas, naquela mesa de bar, com o objetivo comum de refletir sobre a educação e, particularmente, sobre o ensino da língua escrita – minha ideia acalentada durante anos de trabalho acadêmico –, para então se tornar tema de um grupo de estudos. Esses fatores selaram a identidade do grupo e a natureza das nossas pesquisas.

Ao grupo original, formado pelas quatro congressistas, outras tantas foram se juntando, com o mesmo entusiasmo acadêmico e vigor afetivo: minhas orientandas e ex-orientandas, alunas convidadas e "agregadas" vindas de outras instituições. Hoje somos dezoito mulheres, algumas formadas em Pedagogia, outras em Psicologia, Letras, Fonoaudiologia e História, todas com pós-graduação em curso ou já concluída, muitas atuando como professoras universitárias e outras em escolas públicas ou particulares, em clínicas e ONGs.

Ao longo do tempo, fomos constituindo o nosso referencial básico de pesquisa, circulando entre os estudos psicogenéticos e sócio-históricos de Piaget, Emilia Ferreiro, Vygotsky e Bakhtin. Como estudiosos que revolucionaram as concepções pedagógicas, as ideias desses teóricos sustentam a compreensão que nós, pesquisadoras e profissionais, temos sobre o papel da língua e o ensino da escrita.

Em curto prazo, nossos esforços de pesquisa resultaram na apresentação de oito trabalhos no 15º Cole, em 2005. Em longo prazo, até hoje, tenho orgulho de registrar a conclusão de oito dissertações de mestrado (sete na Feusp e uma na PUC) e duas de doutorado, além de seis outras pesquisas de pós-graduação em andamento. Dignos de nota são também os inúmeros artigos publicados no decurso desse período, bem como as participações em congressos e encontros científicos, a organização de e participação em eventos universitários, as orientações de pesquisa e trabalhos acadêmicos, a realização de palestras e cursos de formação de professores em diferentes regiões do país.

Ao longo do nosso percurso, foram se delineando diferentes interesses e posturas, que deram origem a quatro linhas de pesquisa: 1) concepções sobre alfabetização e letramento; 2) práticas sociais e escolares de leitura e escrita; 3) processos cognitivos na aquisição da leitura e escrita; e 4) formação de educadores e professores. Partindo do mesmo foco temático – o ensino da língua escrita –, pudemos assumir a diversidade das abordagens, colhendo, desde as nossas origens, conquistas individuais que se traduzem em novas perspectivas de trabalho para todo o grupo.

Indiscutivelmente, o que dá sentido a esse trabalho é o objetivo maior de contribuir para a revisão das práticas pedagógicas – um compromisso profissional, mas também político: o desafio de erradicar o analfabetismo no país, aprofundar a inserção da população no mundo letrado, ampliar o acesso aos bens culturais e assim investir na constituição de uma sociedade efetivamente democrática. Se é verdade que o quadro do analfabetismo e baixo letramento no Brasil é uma realidade tributária aos contextos histórico e político do país, é igualmente verdadeiro que essa situação persiste como reflexo do fracasso escolar, da estrutura de exclusão, do desamparo de muitos professores e do mal funcionamento do sistema de ensino.

Na perspectiva pedagógica do debate educacional, o tema do ensino da língua escrita é particularmente oportuno, tendo em vista o cenário, em que multiplicação dos estudos e de contribuições teóricas nem sempre é permeável às práticas pedagógicas no cotidiano escolar. Por isso, acima de tudo, importa questionar: Por que se ensina a ler e escrever? Como se ensina a ler e escrever? O que se ensina quando se ensina a ler e escrever? Como se aprende a ler e escrever?

O compromisso de ensinar a ler e escrever na escola constitui-se em um meio e uma meta para todos os educadores. Meta porque alfabetizar é uma atribuição formal da escola. Meio porque, sem o domínio da leitura e escrita, nossos alunos ficariam à margem dos propósitos educativos mais amplos; entre eles, o de participar efetivamente de muitas práticas sociais de comunicação. A consciência desse duplo significado do ensino da língua escrita põe abaixo as concepções de que "a alfabetização é uma atribuição apenas dos professores das séries iniciais" e "o ensino da língua materna é uma responsabilidade específica do professor de português". Em outras palavras, compreender a natureza da língua, os processos de alfabetização, os mecanismos de construção cognitiva, as relações do sujeito aprendiz com a sociedade letrada, a realidade da formação e das condições de trabalho dos professores e, finalmente, os percalços da transposição didática para um ensino de qualidade são caminhos indispensáveis para todos aqueles

que se importam com educação, entendendo-a como instrumento de luta pela consolidação da democracia no país.

Sustentando essa convicção, este livro é uma amostra dos estudos empreendidos no Geal, uma iniciativa que nasceu por ocasião do nosso quinto aniversário, pela motivação de reunir alguns trabalhos dispersos e dar maior visibilidade ao esforço conjunto de pesquisa.

Respeitando a diversidade de nossas abordagens, o livro está organizado em cinco partes. Na Parte I, o propósito das autoras foi situar as concepções acerca da língua e suas implicações para a prática pedagógica. No Capítulo 1, Nilma Guimarães apoia-se nos princípios assumidos pelos Parâmetros Curriculares Nacionais (PCN) para recuperar a compreensão bakhtiniana de linguagem, isto é, a fala e a escrita como processos essencialmente interativos, que não podem ser confundidos com sistemas herméticos, regidos pela aplicação de normas e regras, nem se constituir independentemente dos usuários e contextos de produção linguística. Na mesma linha de raciocínio, Gláuci Helena Mora Dias denuncia, no Capítulo 2, as práticas mecânicas e reducionistas de ensino e, sobretudo, o preconceito linguístico que perpassa as práticas pedagógicas, uma tendência reforçada pela mídia que se reflete nos livros didáticos. Endossando as críticas feitas ao tratamento da língua como puro código, artigo da minha autoria, o Capítulo 3 representa um esforço para mostrar a complexidade da leitura, que se processa por diferentes mecanismos de interpretação. Para tanto, são tomados diferentes textos, literários ou do cotidiano, que, por suas respectivas configurações, favorecem a análise das relações entre leitor, autor e texto, evidenciando as dimensões linguística, sociointeracional e enciclopédica na (re)construção de significados.

Na Parte II, o foco recai sobre as trajetórias escolares em sua relação com a aquisição da escrita. Afinal, o que significa saber ler e escrever e como estudantes de diferentes idades lidam com essa aprendizagem? No Capítulo 4, Teresa Cristina Fernandes Teixeira faz uma profunda análise da passagem da educação infantil para o ensino fundamental, vista pela perspectiva da criança. A mudança de segmento

e o impacto da intervenção sistemática para o ensino da língua escrita parecem ter implicações para o modo como o indivíduo se situa na vida escolar. Tomando a perspectiva de jovens e adultos, Maria de Lurdes Valino procura, no Capítulo 5, compreender o significado da volta à escola e o aprendizado da língua escrita como resgate de oportunidades escolares perdidas (ou nunca viabilizadas), como reação ao estigma social do analfabeto e à baixa autoestima. Nesse sentido, frequentar as aulas e aprender a ler e escrever significam uma oportunidade para a reconstrução da dignidade perdida.

As escritas de crianças e jovens em diferentes contextos de produção constituem o recorte temático da Parte III, que tem o objetivo de investigar especificidades dos processos cognitivos na aquisição ou produção da escrita. No Capítulo 6, Andréa Luize toma como sujeitos de sua pesquisa crianças em fase inicial de alfabetização para analisar o processo de produção de textos nas dimensões discursiva e notacional, elegendo como eixo a interação com diferentes suportes (escritas no papel e no computador) e entre parceiros de escrita. Mais uma vez, a compreensão de diferentes variáveis na produção textual dos pequenos escritores pode representar uma importante contribuição para o modo como os educadores se relacionam com o sujeito aprendiz e com a construção da prática pedagógica. Vivida a longo prazo, a história dessa relação é, contudo, um processo que não se completa nas séries iniciais e, ao longo da trajetória escolar, vai deixando suas marcas em produções textuais tantas vezes comedidas ou transfiguradas. Ao focalizar a redação no vestibular, Márcia Martins Castaldo procura, no Capítulo 7, compreender a construção da expressividade na língua escrita tendo como base a tensão entre o "saber dizer" e o "dever dizer", isto é, os caminhos de articulação (ou conflito) entre a pessoalidade do eu-escritor e as regras ditadas pela voz social ou escolar.

As concepções de língua e de ensino da escrita, o significado das trajetórias ou vivências escolares e a complexidade dos processos de produção textual estudadas até aqui sustentam a necessidade de estabelecer um paralelo entre o referencial teórico e a construção da prá-

tica pedagógica. Na Parte IV (Capítulo 8), esse foco recai sobre as atividades propostas aos alunos. Em um estudo de caso, Érica de Faria Dutra se debruça sobre uma situação de revisão textual proposta por um livro didático, confrontando-a com o referencial assumido pelo autor. Mais do que elucidar as diretrizes que favorecem o deslocamento do papel de escritor para o de leitor (uma prática privilegiada para a aprendizagem da língua escrita) em situações planejadas de ensino, o objetivo da autora é também ampliar a reflexão sobre os desafios da transposição pedagógica.

Na Parte V, o tema da transposição é retomado pela perspectiva das concepções docentes e suas implicações para a formação continuada. No Capítulo 9, Maria Aparecida Vedovelo Sarraf procura analisar, em uma investigação exploratória, como as professoras da 1ª série (atual 2º ano) estão se apropriando dos aportes teóricos trazidos pelos estudos psicogenéticos e sócio-históricos. O modo como elas concebem a aprendizagem, a língua escrita e o papel do professor alfabetizador parece ser decisivo não só para a construção da prática pedagógica, como também para as diretrizes dos projetos de formação continuada. Nessa mesma perspectiva, Martha Sirlene da Silva, no Capítulo 10, parte da análise das práticas pedagógicas de três professoras e suas respectivas concepções sobre a leitura e a escrita para problematizar os cursos de formação: em que medida as iniciativas de formação continuada consideram as experiências docentes? Por que não dar voz aos professores? É possível articular prática pedagógica e formação docente, superando a esfera prescritiva tão típica dos cursos de formação?

Definitivamente, a superação do quadro de analfabetismo e baixo letramento no Brasil, a mudança nas práticas de ensino e a construção de uma escola de qualidade parecem permeadas pelo incondicional compromisso com a educação, pelo respeito à docência e pela compreensão da realidade de professores e alunos.

Que este livro seja um pequeno passo nessa direção!

parte I

Concepções: o que ensinamos quando ensinamos a escrever?

1 Da tradição gramatical à perspectiva dialógica: a linguagem como centro da prática educativa

NILMA GUIMARÃES

A concepção tradicionalista de ensino-aprendizagem da língua materna começa a ruir gradativamente a partir da tardia – mas, sem dúvida, importante – divulgação de estudos e pesquisas na área da linguística textual, da análise do discurso, da psicologia social e genética e, principalmente, da teoria da linguagem postulada pelo Círculo de Bakhtin. Com isso, inicia-se na década de 1980 um movimento de mudança no modo de compreender as funções, finalidades e os usos da linguagem, que vai culminar em uma série de iniciativas de elaboração de propostas curriculares em diversos estados brasileiros, entre elas a concretização dos Parâmetros Curriculares Nacionais (PCN) em meados da década de 1990.

> Os Parâmetros Curriculares Nacionais constituem o primeiro nível de concretização curricular. São uma referência nacional para o ensino fundamental; estabelecem uma meta educacional para a qual devem convergir as ações políticas do Ministério da Educação e do Desporto, tais como os projetos ligados à sua competência na formação inicial e continuada de professores, à análise e compra de livros e outros materiais didáticos e à avaliação nacional. Têm como função subsidiar a elaboração ou a revisão curricular dos Estados e Municípios, dialogando com as propostas e experiências já existentes, incentivando a discussão pedagógica interna das escolas e a elaboração de projetos educativos, assim como servir de reflexão para a prática de professores. (Brasil, 1997a, p. 26)

Desse modo, os PCN não surgem para estabelecer ou prescrever "regras" ou "receitas" de como o conteúdo programático deve ser or-

ganizado, nem mesmo para limitar a autonomia de instituições de ensino e professores, mas revelam-se um instrumento inegavelmente útil para orientar o processo de ensino-aprendizagem em todas as disciplinas com base em um objetivo que subjaz a todos os conteúdos trabalhados atualmente, tanto no ensino médio quanto no fundamental: o desenvolvimento de sujeitos conscientes de seu papel social e dotados de autonomia para construir seu conhecimento.

> O domínio da língua tem estreita relação com a possibilidade de plena participação social, pois é por meio dela que o homem se comunica, tem acesso à informação, expressa e defende pontos de vista, partilha ou constrói visões de mundo, produz conhecimento. Assim, um projeto educativo comprometido com a democratização social e cultural atribui à escola a função e a responsabilidade de garantir a todos os seus alunos o acesso aos saberes linguísticos necessários para o exercício da cidadania, direito inalienável de todos. (Brasil, 1997b, p. 21)

Ainda que se reconheça uma dissensão entre especialistas sobre o tema, uma vez que, evidentemente, esses documentos se distanciam muito da suposta perfeição, não se pode negligenciar o fato de que constituem um marco significativo no contexto das diretrizes educacionais no Brasil. Pela primeira vez tentou-se, se não organizar, pelo menos reunir as principais reflexões teóricas das últimas décadas e, além disso, suscitar questionamentos relevantes sobre o modo de trabalhar os conteúdos de todas as disciplinas do currículo básico.

No que concerne, de modo mais específico, às discussões em torno da função da linguagem como instrumento de interação e de desenvolvimento das capacidades cognitivas, os PCN trazem uma contribuição importante para uma mudança de paradigma no estudo de língua materna, assumindo uma perspectiva de linguagem que não se restringe apenas aos aspectos material e pragmático do discurso, mas valoriza e prioriza as facetas sociointerativa, cultural e histórica que lhe são inerentes, conforme se observa no trecho a seguir:

> [...] língua é um sistema de signos específico, histórico e social, que possibilita a homens e mulheres significar o mundo e a sociedade. Aprendê-la é aprender não somente palavras e saber combiná-las em expressões complexas, mas apreender pragmaticamente seus significados culturais e, com eles, os modos pelos quais as pessoas entendem e interpretam a realidade e a si mesmas. (Brasil, 1997b, p. 20)

Anteriormente a tais discussões, a linguagem quase sempre era compreendida puramente por seu aspecto formal e/ou estrutural, como um sistema hermético e estático, desconsiderando-se sua dinamicidade no contexto social e na interação entre os atores sociais e destacando-se apenas seu caráter "instrumental" de tradução do pensamento ou meio de comunicação. Contrapondo-se a essas ideias, os PCN defendem o princípio de que é no espaço social, mediante constantes processos interativos entre diferentes tipos de sujeitos, que acontecem a construção e a apreensão dos sentidos e, por consequência, do mundo e da realidade.

> A linguagem é uma forma de ação interindividual orientada por uma finalidade específica; um processo de interlocução que se realiza nas práticas sociais existentes nos diferentes grupos de uma sociedade, nos distintos momentos da sua história. Dessa forma, se produz linguagem tanto numa conversa de bar, entre amigos, quanto ao escrever uma lista de compras, ou ao redigir uma carta - diferentes práticas sociais das quais se pode participar. Por outro lado, a conversa de bar na época atual diferencia-se da que ocorria há um século, por exemplo, tanto em relação ao assunto quanto à forma de dizer, propriamente - características específicas do momento histórico. Além disso, uma conversa de bar entre economistas pode diferenciar-se daquela que ocorre entre professores ou operários de uma construção, tanto em função do registro e do conhecimento linguístico quanto em relação ao assunto em pauta. (Brasil, 1997b, p. 22)

Nesse sentido, percebe-se que o texto dos PCN, com base no princípio dialógico e sociointeracional de Bakhtin – que serve de referen-

cial teórico para a concepção de linguagem tomada nessas diretrizes –, revela uma evidente preocupação com a utilização da linguagem como lugar de trocas e interações sociais. Desse modo, a ideia é que a escola precisa voltar a atenção para a necessidade de partir do conhecimento linguístico que o aluno já possui quando inicia a educação formal para desenvolver atividades e métodos que o conduzam ao conhecimento de outros usos que se pode fazer da linguagem, tornando-o consciente, paralelamente, de que também seu modo de expressar-se e de se valer da língua nos processos comunicativos é coerente, aceitável e apresenta valor como variável sociocultural[1].

De acordo com esse modo de pensar o ensino de língua materna, o aluno não deveria receber, passivamente, a linguagem como um produto pronto e acabado, fechado em si mesmo, como ocorre quase sempre quando se enfatiza o estudo sistemático de regras da gramática tradicional, como se a linguagem pudesse ser fragmentada – apartada de seu uso concreto no espaço social – e organizada hierarquicamente. Deveria, sim, ser incentivado e conscientizado a perceber que ele também atua *pela* e *sobre* a linguagem. A respeito dessa questão, Geraldi (2004, p. 41) manifesta-se a favor da seguinte concepção de linguagem:

> A linguagem é uma forma de interação: mais do que possibilitar uma transmissão de informações de um emissor a um receptor, a linguagem é vista como um lugar de interação humana. Por meio dela, o sujeito que fala pratica ações que não conseguiria levar a cabo, a não ser falando; com ela o falante age sobre o ouvinte, constituindo compromissos e vínculos que não preexistiam à fala.

É nessa perspectiva que as ideias de Geraldi (2004, p. 39) se colocam como objeto de reflexão de extrema relevância, não apenas de infor-

---

1 A esse respeito, veja o Capítulo 2 deste livro, "Preconceito linguístico e ensino da língua portuguesa: o papel da mídia e as implicações para o livro didático".

mação, mas, sobretudo, de debate e reflexão acerca da concepção de linguagem e ensino de língua materna que vem sendo priorizada ainda hoje na escola: "[...] é necessário reconhecer um fracasso da escola e, no interior desta, do ensino de língua portuguesa tal como vem sendo praticado na quase totalidade de nossas aulas".

Sobre tais práticas, o autor (2003, 2004) sugere que muito do fracasso no ensino-aprendizagem de língua materna se deve, principalmente, a uma supervalorização de conceitos e nomenclaturas bastante distanciados dos efetivos usos da linguagem, que resulta em uma espécie de "gramaticalização" da escrita, com ênfase na memorização mecânica e na "redação escolar" em detrimento da "produção de textos" propriamente dita. Ao mesmo tempo, tem-se o estabelecimento de modelos de escrita a ser seguidos e, dessa forma, quase sempre se exige que os alunos construam textos – heroicamente, é claro, já que, em geral, não se trabalha efetivamente com produção textual em sala de aula – cujos estilo e construção se aproximem de textos literários e/ou editoriais de jornais e revistas.

Ao examinar alguns dos materiais adotados como recursos didáticos, muitas vezes é possível perceber que considerável parte das atividades propostas, se não quer promover, pelo menos pressupõe, sem exagero, uma espécie de "bestialização" de nossos alunos, uma vez que se apresenta na forma de exercícios repetitivos, incoerentes e pouco significativos[2]. Isso permite inferir que, inseridos nesse ciclo vicioso do não pensar, os sujeitos vivenciam a leitura e a escrita dentro da escola por meio da simples memorização de regras da língua culta, que mal compreendem, e não são preparados para torná-las experiência e, naturalmente, utilizá-las de forma crítica e reflexiva.

Sobre esse problema, Cagliari (1997) ressalta o fato de que a forma de ensinar português é sempre a mesma: enfadonhamente reiterada da educação básica ao nível superior. Diz, ainda, que

---

2 Esse problema é discutido no Capítulo 8 deste livro, "A revisão de textos nos livros didáticos: em busca de sentido".

> [...] o aluno passa anos e anos, diariamente, em aulas de português, e o que aprende? Sempre as mesmas coisas: o que significa a palavra... *telúrico*? Como se escrevem as palavras... *exceção, extenso* e *estender*? Qual o plural de... *cidadão*? A que categorias gramaticais pertencem as palavras... *mal* e *mau*? O que é substantivo... concreto, abstrato? (Cagliari, 1997, p. 23-4)

Nesse sentido, também Possenti tece críticas a essa tendência, que se fundamenta em uma concepção mais tradicional de linguagem, a qual procura reduzir a língua a um instrumento de codificação e decodificação, ignorando sua natureza "transitiva" e incompleta dependente de situações concretas de comunicação[3]. Segundo o autor, portanto,

> É porque há atividade linguística contínua que uma língua revela, num corte sincrônico, uma estrutura inacabada, por um lado. Mas mais fundamental nesta concepção é a ideia de que a língua se dispensa de ser estruturada, codificada, porque ela é destinada à utilização por locutores em contextos determinados. (Possenti, 2001, p. 92)

Desse modo, a escola, contraditoriamente, em vez de permitir que os alunos sejam sujeitos de linguagem, capazes de se tornar autores do próprio discurso, incute neles uma gradativa aversão pela língua escrita, o que se traduz na dificuldade de familiarização com diversos tipos de textos e linguagens.

A artificialidade da situação comunicativa parece limitar o desenvolvimento da criatividade e da motivação para ler e escrever, uma vez que a elaboração da "redação escolar" não está direcionada a um objetivo concreto, ao uso real e necessário da língua, nas negociações e antagonismos próprios do espaço social, mas insiste em permanecer

---

3 A esse respeito, veja o Capítulo 3 deste livro: "Vivências de leitura: é possível superar a decodificação?".

como prática meramente escolar, em que se juntam algumas frases, muitas vezes desarticuladas, para "produzir" um texto cujo único leitor é o professor de português.

> [...] os conteúdos ensinados, o enfoque que se dá a eles, as estratégias de trabalho com os alunos, a bibliografia utilizada, o sistema de avaliação, o relacionamento com os alunos, tudo corresponderá, nas nossas atividades concretas de sala de aula, ao caminho por que optamos. (Geraldi, 2004, p. 40)

Ainda de acordo com Geraldi (2004, p. 45), a mudança no modo de trabalhar a língua materna em sala de aula, sob a perspectiva de linguagem como "processo de interação", vai muito além do emprego adequado de métodos e/ou técnicas. Seria necessário mudar, em princípio, a concepção de língua/linguagem ainda atualmente reiterada nas aulas de português, que prioriza a "descrição linguística", tomando a língua como objeto inerte, em detrimento de um trabalho de linguagem significativo, que possibilite um desenvolvimento real das "habilidades de uso da língua em situações concretas de interação"[4].

> [...] a alteração da situação atual do ensino de língua portuguesa não passa apenas por uma mudança nas técnicas e nos métodos empregados na sala de aula. Uma diferente concepção de linguagem constrói não só uma nova metodologia, mas principalmente um "novo conteúdo" de ensino. (Geraldi, 2004, p. 45)

A construção de sentidos requer reflexão não somente sobre processos linguísticos, mas também quanto ao contexto histórico e aos traços ideológicos e culturais dos discursos produzidos. Assim, torna-se imprescindível o desenvolvimento de um trabalho mais consciente no

4 Sobre essa questão, veja os Capítulos 6 e 7 deste livro: "O uso do computador e parcerias entre crianças na alfabetização inicial" e "Redação de vestibular: o eu proscrito, comedido ou transfigurado?".

ambiente escolar, buscando sempre ecoar para fora dos limites físicos deste, no que se refere não somente à variedade linguística, mas também à diversidade cultural, em relação à individualidade e à subjetividade dos sujeitos.

É necessário, contudo, que o professor não só assuma a concepção de linguagem como interação, mas que demonstre isso de fato em sua prática educativa, procurando atrelar a teoria e a prática, sobretudo no que diz respeito à consideração das variedades linguísticas e da modalidade oral como formas legítimas de expressão e à necessidade de permitir às classes populares o domínio da "variedade linguística socialmente privilegiada" (Geraldi, 2004, p. 42-44).

Em detrimento de atividades direcionadas para os usos e a reflexão sobre a linguagem, opta-se quase sempre pela indevida priorização das análises metalinguísticas, enfatizando os exercícios mecânicos voltados exclusivamente para a descrição gramatical, a memorização de regras e o trabalho com conceitos a cujo consenso nem os gramáticos chegaram. Assim, os alunos memorizam a definição de adjunto adverbial ou complemento nominal, por exemplo, mas desconhecem suas funções e seus usos dentro do texto/contexto.

> A maior parte do tempo e do esforço gastos por professores e alunos durante o processo escolar serve para aprender a metalinguagem de análise da língua, com alguns exercícios, e eu me arriscaria a dizer "exercícios esporádicos", de língua propriamente ditos. [...] uma coisa é saber a língua, isto é, dominar as habilidades de uso da língua em situações concretas de interação, entendendo e produzindo enunciados, percebendo as diferenças entre uma forma de expressão e outra. Outra, é saber analisar uma língua dominando conceitos e metalinguagem a partir dos quais se fala sobre a língua, se apresentam suas características estruturais e de uso. (Geraldi, 2004, p. 45-6)

Evidentemente, a análise metalinguística não deve ser abolida das aulas de língua portuguesa, mas é preciso que haja bom-senso e cons-

ciência de quando, como e para que trabalhá-la com os alunos. Assim, não parece coerente discutir definição e classificação de classes gramaticais nas séries ou nos ciclos iniciais do ensino fundamental, uma vez que tais práticas têm se mostrado pouco eficientes para o desenvolvimento das competências linguísticas. Além disso, esse tipo de análise deve ser contextualizado, e não ser empregado somente porque faz parte do conteúdo programático.

Considerações finais

Embora os PCN discutam questões teóricas sobre sociointeracionismo, desenvolvimento cognitivo e linguagem, além de terem sugerido uma mudança de postura em relação ao trabalho com a leitura e a escrita nas escolas brasileiras, muitos professores ainda se perdem entre conceitos e correntes teóricas e apresentam dificuldade em "descobrir" o que fazer não somente em relação ao ensino de língua materna, mas também no que se refere às outras disciplinas. Além disso, a interdisciplinaridade e a transversalidade, tão incentivadas não apenas pelos PCN, mas por grande parte dos pesquisadores da educação, não têm sido práticas correntes entre esses professores, pois em geral a responsabilidade pelo desenvolvimento de práticas de leitura e escrita parece estar restrita à disciplina de língua portuguesa.

Muito disso se deve à deficiente formação dos professores que, em geral, em seu processo acadêmico, não tiveram acesso a atividades que lhes propiciassem, independentemente da teoria, corrente ou método defendidos, meios de vincular teoria e prática empiricamente e de trabalhar com o propósito de conhecer melhor como o indivíduo aprende e como tornar esse aprendizado um processo autônomo, construído pelo interesse e pela vontade do sujeito[5].

---

5 Sobre esse assunto, veja os Capítulos 9 e 10 deste livro: "A aprendizagem e a língua escrita na perspectiva do professor alfabetizador" e "Histórias tecidas: possíveis relações dos professores com a leitura e a escrita".

Quase sempre não se leva em conta a heterogeneidade dos alunos e assume-se a postura autoritária de padronização do comportamento e do conhecimento, reprimindo quaisquer manifestações de subjetividade e de valorização de outras formas de saber[6].

Negligencia-se, ainda, o fato de que a construção de sentido ou o processo de significação do discurso, embora ocorra por meio da interação social, se dá de maneira singularizada/individualizada, uma vez que o grau e a forma de compreensão vinculam-se à experiência e aos conhecimentos prévios ou adquiridos do receptor/leitor.

Torna-se cada vez mais necessária uma mudança real na maneira de conceber o aluno, normalmente identificado como um sujeito que não possui conhecimento algum e depende completa e passivamente da figura do professor, considerado o único detentor da cultura e da ciência, para adquirir um objeto que não lhe pertence e com o qual não se reconhece, mas que se legitima dentro e pela instituição escolar.

Contrariamente a essa atitude, a principal finalidade do processo pedagógico deveria ser a de promover e permitir a aproximação entre aluno e objeto do saber, fazendo que o sujeito se identifique com este e também se aproprie dele, ou seja, também participe ativamente de sua construção.

Para isso, os PCN propõem o trabalho com diferentes gêneros do discurso e, consequentemente, com finalidades diversas, e passam a valorizar também a língua oral e a construção de currículos interdisciplinares.

Dessa maneira, o professor deveria oferecer uma visão mais ampla não somente da modalidade escrita, mas também do discurso oral em diversas situações, procurando sempre realizar estudos comparativos de textos variados a fim de propiciar ao aluno condições de compreen-

---

6 A esse respeito, veja os Capítulos 4 e 5 deste livro: "A perspectiva infantil sobre a escrita na escola" e "De analfabeto a alfabetizado: a identidade de jovens e adultos em transformação".

der melhor os usos e as funções da linguagem e, assim, desenvolver a capacidade de utilizá-la para sua inserção nas práticas sociais e, também, para construir e reconstruir conhecimentos.

Por fim, ainda que os PCN não cuidem mais profundamente de um trabalho sistematizado com a literatura – que anda à margem das salas de aula –, esta deveria mais do que nunca ter sua importância resgatada, uma vez que se constitui como forte instrumento de humanização e de "autorreflexão crítica", conduzindo à maior compreensão do mundo e permitindo transcender o "conhecimento aparente".

Referências bibliográficas

BAKHTIN, M. *Estética da criação verbal*. 3. ed. São Paulo: Martins Fontes, 2000.

________. *Marxismo e filosofia da linguagem*. São Paulo: Hucitec, 1981.

BRASIL. Secretaria de Educação Fundamental. *Parâmetros Curriculares Nacionais: introdução aos Parâmetros Curriculares Nacionais*. Brasília: SEF/MEC, 1997a. v. 1. (1ª a 4ª séries).

________. *Parâmetros Curriculares Nacionais: Língua Portuguesa*. Brasília: SEF/MEC, 1997b. v. 2. (1ª a 4ª séries).

CAGLIARI, L. C. *Alfabetização e linguística*. São Paulo: Scipione, 1997.

GERALDI, J. W. *Portos de passagem*. São Paulo: Martins Fontes, 2003.

________. *O texto na sala de aula*. São Paulo: Ática, 2004.

POSSENTI, S. *Discurso, estilo e subjetividade*. São Paulo: Martins Fontes, 2001.

2 Preconceito linguístico e ensino da língua portuguesa: o papel da mídia e as implicações para o livro didático[1]

GLÁUCI HELENA MORA DIAS

O que se ensina quando se ensina português?

A análise dessa temática revela-se bastante complexa diante da diversidade de fatores que interferem nas práticas em sala de aula, como os princípios educativos assumidos em âmbito nacional, as concepções acerca da língua, as expectativas docentes e sociais, as políticas editoriais, a formação dos professores e as diretrizes escolares instituídas nos projetos políticos pedagógicos (Lauria, 2004; Batista, 2001; Rangel, 2005).

O embate entre esses muitos fatores que interferem no ensino da língua é transposto por frentes de abordagem que se constituem como duas forças opostas. Por um lado temos a concepção dialógica e sócio-histórica da língua, que considera, nas salas de aula e no livro didático, o uso social, discursivo e pragmático da linguagem. Trata-se de uma intervenção pedagógica que viabiliza a progressiva inserção do aluno nas práticas letradas de seu mundo. Com o objetivo de superar o domínio mecânico da língua, a proposta pedagógica apoia-se no referencial teórico sobre letramento, visando a manipulação ativa de discursos e referenciais culturais próprios de nossa sociedade. Por outro lado, temos a concepção de senso comum, que se solidifica na dicotomia do certo e errado, vinculada à norma de prestígio social e da sustentação para práticas discriminatórias e exclu-

---

1 O presente artigo é parte da minha dissertação de mestrado, apresentada na Faculdade de Educação da Universidade de São Paulo – Feusp (Dias, 2009).

dentes. Na oscilação entre essas duas tendências, é importante compreender como o senso comum e a mídia contribuem para reforçar a compreensão de língua (e, portanto, também uma expectativa sobre o ensino do português) de forma distorcida, reducionista, mecânica, preconceituosa e equivocada.

Para além desses fatores, mas estreitamente relacionada a eles, a polêmica acerca dos livros didáticos parece fazer sentido no âmbito do debate sobre o que se ensina quando se ensina português. Indiscutivelmente, o objeto e os objetivos do ensino de língua portuguesa convivem em uma relação dialética com o material de apoio pedagógico (apostilas, livros e gramáticas) que, ao mesmo tempo, reflete, influencia e reforça concepções, princípios e expectativas. Em vista dessas questões, o objetivo deste capítulo é discorrer sobre as concepções preconceituosas e as polêmicas que giram em torno do livro didático.

Exclusão e preconceito linguístico

Observando o famoso poema "Vício na fala"[2], de Oswald de Andrade, podemos analisar a língua e seus falantes a fim de repensar a estética e a linguagem poética. O poeta dessacraliza a escrita e a poesia: as falas *mio, mió, pió, teia, teiado*, isto é, manifestações da língua "feia", "errada", não autorizada e não oficial, constroem em um processo simultâneo os telhados e a linguagem (quem sabe os "telhados da linguagem"), edificando a sua história e a história da língua portuguesa pelo uso dinâmico da língua tomada em toda a sua vitalidade e dialogia; uma língua que comunica independentemente da (ou justamente por) sua condição dialetal estigmatizada por muitos enunciadores da fala "correta", bonita, oficial e autorizada.

---

2 Andrade, Oswald de. "Vício na fala". In: Civilização Brasileira, 1971. p. 125. Leia o poema na íntegra em http://www.portalsaofrancisco.com.br/alfa/oswald-de-andrade/vicio-da-fala.php

À luz da proposta modernista de Oswald de Andrade, podemos dizer que a linguagem literária do poema satiriza uma realidade sociolinguística: o preconceito linguístico que se estende ao indivíduo, classe social, cultura e identidade, "impedindo[-o] de elaborar sua própria visão de mundo, a partir das suas condições de existência e de seus interesses" (Nosella, 1981, p. 27).

De acordo com Garcez (2004), Zilles (2004), Bagno (2004), Fiorin (2004), Possenti (2004) e Guedes (1998), o Brasil ainda é considerado um país monolíngue, justamente porque a referência é a concepção de língua homogênea e estática, supostamente única em todo o território nacional. Essa ideia ainda é veiculada pela escola e pelos discursos sobre a língua na sociedade, cujas consequências se refletem dentro e fora da escola.

Em decorrência disso, só há reconhecimento das formas variantes (regionais e sociolinguísticas) da linguagem nos grupos socioeconômicos e culturais da elite. Somente esses usuários da língua portuguesa são falantes autorizados pela "lei linguística"[3]. As demais variantes são estigmatizadas e não reconhecidas. O que define esse critério de avaliação não poderia ser outro senão o poder econômico e político.

Desviar-se da norma significa aproximar-se do desprestígio e da marginalidade por utilizar formas de comunicação "erradas" e "feias", "corrompidas" e "grosseiras", tal é a "lógica" do preconceito linguístico, meio de exclusão e intolerância a determinadas variedades linguísticas. Postula-se, portanto, a noção de "correto" e "bonito" imposta pelo ensino tradicional da gramática normativa, fundamentado em equívocos e falsas noções sobre língua carregadas de conotações políticas e ideológicas. Dessa maneira, o preconceito também está ligado, em boa medida, ao desacerto criado no curso da história entre língua

3 O termo usado por Bourdieu (1998), *lei linguística*, supõe um corpo de *juristas* (os gramáticos) e seus *agentes de imposição e de controle* (os professores); tal lei tem o poder de submeter universalmente ao exame e à sanção jurídica do título escolar o desempenho linguístico dos sujeitos falantes.

e gramática normativa. Trata-se de uma atitude autoritária, intolerante e repressiva que consubstancia a ideologia geradora do preconceito linguístico (Bagno, 2003).

Qual é a lógica racional e humana desse preconceito? Britto (2003, p. 37-8) nos dá uma alternativa ao postular que

> O preconceito linguístico resulta - como toda forma de preconceito - da ignorância e do estabelecimento de diferenças valorativas baseadas em processos históricos de exclusão e privilégio, capazes de produzir com eficiência e ganho de poder um estigma que deixará exposto aquele que o carrega a todo tipo de avaliação negativa. [...] O estigma linguístico é a atribuição aos sujeitos de uma marca negativa em função de sua maneira de falar. Como a legitimidade e aceitação do modelo serão tanto maiores e mais eficientes quanto mais receberem a adesão do excluído, será preciso constantemente criar formas de convencimento e de dissimulação. [...] O estigma linguístico social se caracteriza por evidenciar uma marca negativa relacionada à condição social do falante.

Nessa perspectiva, não há lógica racional, mas "lógica" humana e materialista de luta de classes pelo poder e dominação que pode ser explicada pelas transformações e evoluções linguísticas ocorridas ao longo do tempo. Corroborando esse aspecto, Colello (2004, p. 55) também assinala que "a evolução linguística através dos tempos é marcada por uma relação de poder bastante discutível".

Ainda com referência a essa perspectiva, Ferreiro e Teberosky (1986, p. 255) afirmam:

> [...] a história, desde a antiguidade clássica até nossos dias, é clara e inequívoca: o que foi identificado como língua, em termos nacionais, é regularmente o modo de falar da classe dominante do centro político do país (geralmente, a capital). Assim foi como a fala de Atenas passou a definir o grego, a da região de Paris converteu-se no francês, a de Castilha se converteu no espanhol etc. A história das lin-

> guagens é uma história política, e a distinção língua/dialeto é uma história das vicissitudes da dominação interna. Por isso a definição de Max Weinreich é extremamente correta, ainda que pareça um sarcasmo: uma língua é um dialeto com um exército e uma armada.

Examinando a história das transformações e imposições linguísticas, Bourdieu (1998) discorre sobre o processo de unificação linguística ocorrido na Revolução Francesa, que se confundiu com o processo de construção do estado monárquico e acabou por conferir à fala camponesa um valor pejorativo e negativo. Ou seja, os dialetos[4] ganharam o *status* de língua oficial, que passou a ser cultivada em Paris pelos usos eruditos (usos por escrito); ao mesmo tempo, os usos populares e puramente orais de todos os dialetos regionais assim suplantados são relegados ao estado de "patoá", em virtude do abandono da forma escrita e da desagregação interna resultantes da desvalorização social de que são objeto. Portanto, os dialetos dos camponeses passam a ser, de fato, definidos negativa e pejorativamente em oposição aos usos refinados ou letrados. Note-se a mudança do sentido atribuído à palavra "patoá" pela nova ideologia do poder dominante: de "linguagem incompreensível" (*algaravia*) passa a qualificar "linguagem corrompida e grosseira, como aquela do 'povão'".

De acordo com Bourdieu (1998, p. 34), "reformar a língua, expurgá-la dos usos ligados à antiga sociedade e impô-la assim purificada é o mesmo que impor um pensamento igualmente depurado e purificado". Houve, portanto, um conflito pelo poder simbólico, cujo móvel era a formação e a reformação das estruturas mentais para que se reconhecesse um novo discurso de autoridade, com seu novo vocabulá-

4 Os dialetos eram por vezes dotados de certas propriedades em geral atribuídas às "línguas" – a maioria deles objeto de uma utilização por escrito, autos registrados em cartórios, deliberações comunitárias etc. –, e as línguas literárias – como, por exemplo, a língua poética das regiões *d'oc* –, espécies de "línguas artificiais" distintas de cada um dos dialetos utilizados no conjunto do território onde elas ocorrem.

rio político, termos de estilo e referência, metáforas, eufemismos e a representação do mundo social por ele veiculada. Esse novo discurso (supostamente refinado, correto, bonito) vinculava-se aos interesses dos grupos emergentes da Revolução Francesa, e se revelava indizível nos falares locais moldados por usos ligados às motivações específicas dos grupos camponeses. Pelo processo de legitimação e imposição de uma língua oficial, os camponeses discriminados pela linguagem corrompida e grosseira foram excluídos da participação social e política.

Assim como apontam Ferreiro e Teberosky (1986), o preconceito linguístico dirigido à classe social desfavorecida dos camponeses também é decorrente de um processo político cuja valorização social é dada, entre outros fatores (poder, condição econômica etc.), primeiramente, à linguagem de uma minoria privilegiada. Em sentido oposto, grande parte da população permanece à margem da compreensão do mundo em que vive, ou da possibilidade de nele interferir pela participação igualitária nos bens humanos, culturais e econômicos.

É possível pressupor que a história da evolução linguística tenha sido marcada pela aplicação autoritária, intolerante e repressiva de uma única forma de linguagem, que imperava na ideologia geradora do preconceito linguístico. Assim, tal como ocorreu nas sociedades antigas, o preconceito linguístico, na sociedade atual, tem fundamento político, traduzido pela necessidade de assegurar o poder pela intolerância e manipulação ideológica.

Deve-se, entretanto, redarguir que, a despeito das grandes contribuições de estudos e pesquisas sobre a linguagem, o preconceito linguístico, tão comum também na sociedade brasileira, pouco tem sido considerado e contestado (Britto, 2003). Nossa realidade linguística está calcada nos princípios da língua oficial, que se impõem como uma marca característica, ou seja, a única legítima dos falantes de maior grau de escolaridade, e serve como parâmetro de avaliação às demais formas de falar e escrever. Nas palavras de Bourdieu (1998, p. 31 e 32, grifo nosso),

> Falar da língua sem qualquer outra especificação, como fazem os linguistas, é o mesmo que aceitar tacitamente a definição oficial da língua oficial de uma unidade política: nos limites territoriais desta unidade, esta língua é a que se impõe a todos os que pertencem àquela jurisdição como a única legítima, e de maneira tanto mais imperativa quanto mais oficial (palavra que traduz precisamente o formal dos linguistas de língua inglesa) for a circunstância. **Produzidas por autores com autoridade para escrever, fixada e codificada pelos gramáticos e professores, também incumbidos de inculcar seu manejo, a língua é um código, no sentido de cifra que permite estabelecer equivalências entre sons e sentidos, mas também na acepção de sistema de normas que regem as práticas linguísticas. A língua oficial está enredada com o Estado, tanto em sua gênese como em seus usos sociais. É no processo de constituição do Estado que se criam as condições da constituição de um mercado linguístico unificado e dominado pela língua oficial obrigatória em ocasiões e espaços oficiais (escolas, entidades públicas, instituições políticas etc.), esta língua de Estado torna-se a norma teórica pela qual todas as práticas linguísticas são objetivamente medidas.** Ninguém pode ignorar a lei linguística.

Nessa perspectiva, como espaço oficial, a escola tem incorporado o preconceito linguístico ao seguir o pressuposto de que o objeto de ensino da língua materna deve se restringir à gramática normativa, ao ensino primordial da metalinguagem e ao uso "correto" e "bonito" da linguagem. Muitos professores são propagadores dessa ideologia preconceituosa, contribuindo, assim, para que não se viabilize a circulação da linguagem em todas as suas variações e possibilidades de manifestações culturais, históricas e regionais dos falantes. Pela via oposta, registre-se a possibilidade de ampliar os caminhos do estudante e seu livre trânsito entre os gêneros do discurso para que alcance, de fato, sua condição cidadã.

Gnerre (1981, p. 25) destaca uma questão fundamental sobre o preconceito linguístico e o ensino, apontando a contradição entre a ideo-

logia democrática e a ideologia implícita na norma linguística. De acordo com os princípios democráticos de direito, nenhuma discriminação tem razão de ser, com base em critérios de raça, religião ou credo político. No entanto, há uma "única brecha deixada aberta para a discriminação que se baseia nos critérios da linguagem e da educação".

Ressaltando o discurso de Gnerre, ao contrário do que possa parecer, a forma de difusão da variedade linguística de maior prestígio configura-se no preconceito linguístico como um dos entraves mais significativos no ensino de língua portuguesa. A difusão da variedade linguística de maior prestígio está, portanto, longe de ser um projeto democrático que visa à igualdade de direitos. Além disso, há outras questões de fundo, como a falta de condições socioeconômicas e de acesso a bens culturais, assim como de participação efetiva da sociedade para que a igualdade de direitos seja alcançada – características de nossa sociedade falsamente democrática.

Somado a tudo isso, Colello (2004, p. 57) acrescenta que a discriminação linguística é

> [...] um dos mais severos atentados aos princípios democráticos porque, na escola ou na sociedade, a maioria das nossas crianças é obrigada a competir em condições desiguais, nas quais as suas chances e os seus caminhos já estão preestabelecidos: a desescolarização, o analfabetismo e o subemprego.

Assim, em uma sociedade desigual e injusta, o preconceito linguístico torna-se um dos entraves à condição cidadã, à condição de ser humano respeitado pela sua cultura e condição existencial no mundo.

Nessa configuração política, dois aspectos merecem ser considerados: o primeiro diz respeito à mídia que, embora por meio de discursos mascarando ideologias, alimenta diariamente o preconceito linguístico em programas de televisão e de rádio, em colunas de jornal e revista, em livros e manuais que pretendem ensinar o que é "certo" e o que é "errado" (Bagno, 2003), perpetuando e solidificando o merca-

do linguístico unificado e dominado pela língua oficial obrigatória em espaços oficiais.

O segundo aspecto refere-se ao fato de que os instrumentos tradicionais de ensino da língua (a gramática normativa e os livros didáticos) dão continuidade aos equívocos e discursos do mercado linguístico sobre o que se entende por língua portuguesa, já que muitos materiais didáticos trabalham com a língua de forma tarefeira e conteudista, alimentando também o preconceito linguístico. As palavras de Geraldi (2003, p. 94) denunciam a função de alguns livros didáticos na propagação de um ensino reprodutivista, distante da realidade do aprendiz:

> Em face do desenvolvimento tecnologizado, parece caber ao professor a escolha do material didático que usará na sala de aula. Mas qual a sua função depois disto? Uma boa metáfora é compará-lo a um capataz de uma fábrica: sua função é controlar o tempo de contato do aprendiz com o material previamente selecionado; definir o tempo de exercício e sua quantidade; comparar as respostas do aluno com as respostas dadas no "manual do professor", marcar o dia da "verificação da aprendizagem", entregando aos alunos a prova adrede preparada, etc.

Na mesma linha de raciocínio, Faraco (2004, p. 45) afirma que muitos usuários da língua acreditam que os compêndios gramaticais contêm tudo o que há para ser dito sobre uma língua. Na verdade, com respaldo nesses compêndios gramaticais e em livros didáticos, muitos discursos tradicionais sobre a língua em salas de aula e na mídia transparecem "espantosa ignorância da realidade linguística nacional; operam em confusão ao não distinguirem adequadamente a língua falada da língua escrita. Pior: tentam impingir, sem o menor fundamento, um absurdo modelo único e anacrônico de língua".

De um modo geral, os representantes da "lei linguística" (a mídia, a escola, o professor e o livro didático) demonstram intolerância em seus julgamentos. Trata-se de uma postura que, de acordo com Rouanet (2003, p. 10), configura-se como

> [...] uma atitude de ódio sistemático e de agressividade irracional com relação a indivíduos e grupos específicos, sua maneira de ser, a seu estilo de vida e às crenças e convicções. Essa atitude genérica se atualiza em manifestações múltiplas, de caráter religioso, nacional, racial, étnico e outros. [...] determinado indivíduo, convicto de que ele é o detentor da verdade, afirma um só ponto de vista para a humanidade inteira e passa a rejeitar e excluir outros pontos, o que pode assumir formas virulentas e autoritárias, como as da intolerância religiosa, por exemplo.

Nesse sentido, a intolerância linguística:

- é solidificada pelo livro didático, posto à transmissão dos valores da classe social dominante, um dos principais elementos da ação pedagógica, também responsável pela formação do *habitus*[5] linguístico;
- é configurada implícita e explicitamente na postura tradicional e, muitas vezes, autoritária de muitos professores que obrigam os alunos a interiorizar ensinamentos e princípios, de maneira contínua e metódica, formando neles um *habitus* que permanece mesmo quando cessa a ação pedagógica (Nosella, 1981).

Esses ensinamentos e princípios, determinantes do *habitus*, geram práticas e atitudes que favorecem o modelo socioeconômico-político defendido pela classe dominante. Dessa forma, o ensino da língua torna-se reducionista e propagador de ideologias pouco refletidas e, portanto, raramente questionadas.

---

5 A definição de *habitus* linguístico está ligada ao mercado linguístico tanto por suas condições de aquisição como por suas condições de utilização, e também expressa o *habitus de classe*, que se constitui de uma posição ocupada sincrônica e diacronicamente na estrutura social. A formação desse *habitus* é produto das sanções de um mercado linguístico (Bourdieu, 1998).

Ao adotar o "modelo de correção", típico da gramática tradicional da língua, para toda e qualquer manifestação linguística nos espaços oficiais, além do preconceito linguístico, promovem-se:

- dicotomias sobre desempenho linguístico "certo" e/ou "errado";
- produções escritas artificiais e estéreis, cuja escolha vocabular se processa em detrimento do trabalho de semiose, e a combinação de palavras, desprezando seu sentido;
- a reprodução de clichês que comprometem o processo de produção textual e a criação linguística;
- a repetição passiva de juízos alheios (muitas vezes dos livros didáticos estudados ou dos discursos equivocados dos professores);
- a prática copista, reprodutivista, em detrimento da constituição da autoria;
- o não desenvolvimento das práticas significativas e dialógicas do ler e do escrever.

Essa prática pedagógica reprodutivista e preconceituosa limita a possibilidade de os alunos serem comunicativos, capazes de múltiplas e complexas maneiras de falar e escrever.

Outro aspecto importante e problemático a ser considerado quando pensamos nos guardiões da língua na sociedade é a avaliação positiva da atitude daquele que denuncia a fala e a escrita "errada" de um usuário da língua, ou porque não está de acordo com a gramática da escola, ou não está de acordo com Portugal, ou é "feia", ou "não soa bem", ou "dói no ouvido", "é ridícula" [...] (Britto, 2003).

Na verdade, para os que consideram que a língua é a norma culta representada pela gramática tradicional, "os usuários que burlam a língua padrão devem ser denunciados e excluídos das 'benesses' da sociedade – o bom só para quem fala bem [...]" (Leite, 2003, p. 179).

O que se pretende aqui é ressaltar os pressupostos de senso comum que perpetuam o preconceito linguístico e excluem da cultura

brasileira a língua gostosa do povo, descrita poeticamente por Manuel Bandeira em "Evocação do Recife"[6].

Ao contrariar a legitimidade, a riqueza da variedade cultural, e adotar a definição de "falante culto" como poliglota de sua própria língua (Leite, 2003), temos:

- as atitudes de intolerância e preconceito linguísticos e de exclusão social;
- o efeito maléfico sobre a identidade e autoestima linguística: o usuário da língua portuguesa, muitas vezes, sente-se constrangido ao fazer uso da sua linguagem;
- a ruptura da possibilidade de educação linguística de um povo e uma língua miscigenados;
- a violência: alienação que afasta as pessoas do pensamento autônomo.

O papel fundamental que a mídia exerce na legitimação do preconceito linguístico consubstancia-se por três vias complementares indissociáveis: por um lado, atua reforçando os valores ideológicos estéticos da norma culta; por outro, inibe o debate acadêmico das pesquisas linguísticas, abafando a emergência de posturas críticas e renovadas. Juntos, esses dois aspectos afetam o professor e interferem tanto na escolha dos livros didáticos quanto na própria postura em sala de aula, isto é, o modo como concebe o seu trabalho e desenvolve a prática pedagógica.

Preconceito linguístico: o papel da mídia

> O lugar mais comum de encontrar a Norma, autodenominada a culta, a padrão, a formal, a Língua, é nos bancos escolares e nos livros didá-

---

6 Bandeira, Manuel. *Libertinagem e estrela da manhã*. Rio de Janeiro: Nova Fronteira, 2005. p. 23. Leia também na íntegra em: http://www.revista.agulha.nom.br/manuelbandeira03.html.

> ticos e manuais produzidos para este fim. Mas, com frequência, munida da autoridade secular da Gramática dos reis e rainhas, ela se manifesta em discursos oportunistas dos que vivem de comentar detalhes dela, nas várias mídias impressas e eletrônicas, buscando no uso cotidiano falado e escrito erros exemplares e tornando-os, de fatos linguísticos corriqueiros que são, em dores de ouvido, em coisas duras de roer, em falas de índio, em sapatos de Luiz XV. (Britto, 2004, p. 5)

Sustentando o "jogo" escolar de violência simbólica analisado por Britto (1997, 2004), a mídia tem legitimado e autorizado o discurso de senso comum do que seja dominar a língua. Nesse sentido, ela acena com títulos como "Pecados da língua" (Teixeira, 2007, p. 91), "Ascensão pelo vocabulário" (Teixeira, 2007, p. 88), ou com defesas que colocam a língua oficial como "Ferramenta fundamental na carreira e no crescimento pessoal" (Teixeira, 2007, p. 88). Nessas matérias, está implícita a ideia de que só é viável a ascensão profissional se houver o domínio da língua oficial e autorizada. Do contrário, os indivíduos estão excluídos das benesses da sociedade.

É possível encontrarmos também outros postulados de senso comum nessas manchetes, como: "Mesmo que pareça meio quadrado na mesa do bar, quem mais se distanciar do linguajar trivial dos *chats* nas comunicações formais mais será notado pela competência" (Teixeira, 2007, p. 91). Ou seja, tem mais competência e reconhecimento aquele que se distancia da língua popular.

As manchetes da revista *Veja*, embora apresentem elementos de intolerância linguística, não são tão ostensivas quanto o quadro chamado "Pecados Capitais da Linguagem Oral"[7], de Reinaldo Polito. Ao comentar casos expostos no quadro, "o repórter e palestrante"

---

7 Este quadro foi apresentado na matéria "Falar e escrever bem", publicada na revista *Veja*, edição 1725, n. 44, ano 34, de 7 setembro de 2001. Além disso, está disponível em <http://www.polito.com.br/portugues/dicas.php?id_nivel=15&id_nivel2=127>. Acesso em: 8 abr. 2010.

não reconhece determinados usos, deixando clara sua opinião intolerante e "religiosa". Ao usar o vocábulo *pecar*, Polito remete a língua ao âmbito religioso, sagrado, que jamais deve ser dessacralizado. Neste sentido, assume explicitamente sua atitude intolerante, *ortodoxa* (Leite, 2003, p. 184).

É necessário ressaltar que a intolerância configura-se como violência, porque, ainda que dissimulada pelas supostas boas intenções do ensino, acaba por incutir silenciosa e sutilmente uma intenção ideológica.

A linguagem com esses postulados não acadêmicos permanece na mídia em discursos oportunistas dos que vivem a comentar "detalhes" linguísticos, influenciando a escola (Britto, 1997) e, ao mesmo tempo, sendo influenciados por ela. Isso porque os professores, por sua vez, pretendendo ensinar a língua "correta", fortalecem a concepção de fala e escrita como manifestações que podem ser avaliadas pelos critérios estanques do "certo" e "errado", cumprindo, assim, seus "devidos papéis". Desse modo, a mídia e os professores fecham um ciclo vicioso que perpetua o preconceito linguístico.

Independentemente de a mídia ser propagadora ou reprodutora de uma concepção reducionista da língua, o seu papel parece ainda mais comprometedor justamente porque, ao se prestar à função de difundir uma dimensão preconceituosa, descarta a possibilidade de divulgar o debate acadêmico-linguístico. Em outras palavras, perde-se a chance de defender a língua como uma entidade viva, cultural e historicamente situada e, por isso, necessariamente legítima. Deixa-se de informar, divulgar o discurso científico. Seja em revistas, seja em notas metalinguísticas de jornais, internet, programas sobre língua portuguesa na TV que tratam os problemas do falar e escrever "errado", a mídia está longe de realizar uma educação linguística que permita aos sujeitos compreenderem a complexidade da linguagem.

Reforçada pela mídia, essa inculcação ideológica sobre a linguagem fortalece a preocupação de professores e estudantes em querer apren-

der a dominar o "certo" e extirpar o "errado" do português, em detrimento de um trabalho mais amplo na escola de emancipação do ato do ler e do escrever em uma sociedade desigual, em prol da educação linguística e, consequentemente, de uma formação cidadã. A reivindicação do "bem falar" estende-se aos cursos de Letras, já que os alunos, "contaminados" pela urgência de domínio da gramática tradicional, esperam um currículo voltado ao estudo de regras e normas gramaticais para que possam levá-las às práticas pedagógicas.

A sociedade e o livro didático: cultura escolar e indústria cultural

> Para se abrir uma discussão sobre o ensino e o material didático devemos levar em consideração primeiramente que - segundo pesquisa do Ministério da Cultura e do Programa Leia Brasil - o único livro que grande parte da população brasileira conhece é o escolar ou didático e que, terminada a escola, o indivíduo perde o contato com a leitura. Isto nos leva a perceber como é grande a responsabilidade de quem produz material didático e, sobretudo, que o livro tem uma responsabilidade enorme no processo de formação da criança como futuro leitor. Maior ainda é esta responsabilidade quando pessoas ligadas a programas de leitura no Brasil são unânimes em afirmar que *sem leitores não haverá, de fato, estado de direito*. (Lucci, 2002, p. 1)

Entendemos o livro didático de português como um artefato cultural que responde a diferentes contextos de exigências: planejamento e implementação de currículo, políticas públicas para a educação[8], fun-

8 Como a avaliação do Programa Nacional do Livro Didático (PNLD) e do Programa Nacional do Livro Didático para o Ensino Médio (PNLEM), subsídios teórico-metodológicos propostos por disposições oficiais, como leis, decretos e portarias. O PNLD e o PNLEM foram desenvolvidos pelo Fundo Nacional da Educação (FNDE) como "estratégia de apoio à política educacional imple-

cionamento do mercado editorial etc. (Bittencourt, 2004; Lauria, 2004). Ao dialogarem e se articularem em uma luta de arena, essas exigências formam o mercado editorial linguístico, cujo processo de aceitação ou reprovação do material didático passa pelo crivo da política da indústria cultural. Assim, o termo *mercado editorial linguístico* é usado para fazermos referência às políticas ideológicas da *língua legítima* encontradas nos livros didáticos de português.

Com apoio na concepção de *mercado linguístico* (Bourdieu, 1998), isto é, a constituição do Estado unificado pela língua oficial que se impõe como a norma, é possível situar esse conceito como a ideologia da língua legítima transposta para os livros didáticos de português direcionando as práticas de ensino da língua e os manuais escolares, marcando, assim, acertos, equívocos, limites e possibilidades da produção acadêmica nos seus embates com a indústria cultural.

O livro didático, portanto, acaba por se tornar espelho do que está acontecendo na nação: por um lado, refletindo suas situações históricas, políticas, ideológicas e sociais, por outro, incorporando concepções educacionais, diretrizes metodológicas e, ainda, sugerindo práticas de ensino.

Vale mais uma vez lembrar o importante papel da mídia, agora como propagadora das "verdades" aceitas por todos os fatores interferentes da política cultural, já que ela reflete e repercute o resultado da aceitação ou reprovação do livro didático pelo mercado editorial linguístico. Assim, para que o material didático, ou o autor desse material, encontre "ecos" de aceitação, deverá passar também pelo crivo da mídia.

Dessa forma, para compreendermos a complexidade do mercado editorial linguístico dos livros didáticos de português, importa com-

---

mentada pelo Estado brasileiro com a perspectiva de suprir uma demanda que adquire caráter obrigatório com a Constituição" (Höfling, 2006, p. 21). Veja mais informações no *site* <http://portal.mec.gov.br/seb>. Acesso em: 16 nov. 2010.

preender os fatores da cultura sócio-histórica: políticas públicas sociais, política educacional, saberes e práticas pedagógicas, organização escolar e até o senso comum sobre falar e escrever "bem" na sociedade. Nas palavras de Batista (2001, p. 129), faz-se necessário compreender "os processos sociais de construção do fetichismo da língua" que também sustentam o processo de produção do livro didático.

Em relação à política educacional, ao examinar a uniformização das escolas, reflete-se também sobre como elas devem funcionar para atender à demanda do mercado de trabalho, do vestibular, das provas – Enem[9], Saresp[10], Prova Brasil e Saeb[11].

O ensino de língua portuguesa à luz do livro didático

É fato que o livro didático oferece ao professor de língua materna, ao aluno e aos usuários da língua, referências didáticas e instrumentais para uso e aprendizagem do português. Dessa maneira, reflete e, ao mesmo tempo, estabelece uma importante influência nas concepções de linguagem dos usuários da língua. Em relação à importância do livro didático, Bezerra (2005, p. 35, grifo nosso) ressalta:

> O LDP (livro didático de português), entendido como um livro composto por unidades (lições ou módulos) com conteúdos e atividades preparados a serem seguidos por professores e alunos, principalmente na sala de aula, constitui-se, **se não o único material de en-**

9 Exame Nacional do Ensino Médio. Disponível em: <http://www.enem.inep.gov.br/>. Acesso em: 14 abr. 2010.

10 Sistema de Avaliação de Rendimento Escolar do Estado de São Paulo. Disponível em: <http://saresp2009.edunet.sp.gov.br/>. Acesso em: 14 abr. 2010.

11 Prova Brasil – Avaliação do rendimento escolar e Saeb – Sistema de Avaliação da Educação Básica. Disponível em: <http://provabrasil.inep.gov.br/index.php?option=com_content&task=view&id=81&Itemid=98>. Acesso em: 14 abr. 2010.

> **sino/aprendizagem, o mais importante, em grande parte das escolas brasileiras.** Essa importância é tal, que o interlocutor dos alunos não é mais o professor, mas o autor do LDP: interlocutor distante, dificultando a interação com os alunos, e porta-voz presente (professor), quase sem autonomia, seguindo página a página a proposta do autor.

As palavras de Bezerra parecem ainda mais surpreendentes se considerarmos que vivemos em uma época marcada pela comunicação eletrônica e pela entrada de novas tecnologias.

Tomando o livro didático como um objeto cultural contraditório que gera intensas polêmicas e críticas de muitos setores, mas que é sempre considerado um instrumento fundamental no processo de escolarização, vale lembrar a análise de Bittencourt (2004, p. 471):

> O livro didático provoca debates no interior da escola, entre educadores, alunos e suas famílias, assim como em encontros acadêmicos, em artigos de jornais, envolvendo autores, editores, autoridades políticas, intelectuais de diversas procedências. As discussões em torno do livro estão vinculadas ainda à sua importância econômica para um vasto setor ligado à produção de livros e também ao papel do Estado como agente de controle e como consumidor dessa produção. [...] As relações contraditórias estabelecidas entre livro didático e a sociedade têm instigado investigações variadas, por meio das quais é possível identificar a importância desse instrumento de comunicação, de produção e transmissão de conhecimento, integrante da "tradição escolar" há, pelo menos, dois séculos.

Em relação às polêmicas e às críticas ao livro didático, temos a análise de Geraldi (2003), que fez um balanço dos discursos de vários autores (Rui Barbosa, Osakabe, Lajolo, Luft, Soares, Ilari, Molina, Bittencourt e outros) de diversas épocas, que remontam mais de um século de críticas aos métodos e programas de ensino de língua materna. Ge-

raldi pinçou afirmações de diversos lugares e épocas, inspiradas em diferentes perspectivas, e, após tecer os diálogos críticos com relação aos objetivos de ensino de língua materna, lamentou não se dar a devida atenção às falas desses autores até hoje. O autor salienta que, em virtude da democratização do ensino – ainda que aparente – e do aumento considerável do acesso à escolarização, inclusive das largas camadas da população antes marginalizadas, exigiu-se maior quantidade de professores. Muitos cursos rápidos, sem embasamento teórico, formaram "professores" despreparados; muitos prédios escolares foram improvisados, sem equipamentos e sem segurança. Dessa maneira, a escola, que supostamente teria como objetivo a sistematização do conhecimento circunstancial, fortemente marcado pela intuição e pelas sucessivas construções e destruições de hipóteses, passou, então, a privilegiar uma forma de conceber o conhecimento como algo fixo, predeterminado, cumulativo, e didaticamente ordenar e disciplinar a aprendizagem. Isso porque "as regras do jogo escolar valorizam a 'disciplina' e a cavilosidade burocrática em detrimento da iniciativa pessoal" (Geraldi, 2003, p. 117). Consequentemente, automatizaram-se mestre e aluno, já que os livros didáticos serviriam de textos para alunos e os livros-roteiros para os professores. O despreparo do docente seria compensado pelo livro-roteiro didático, para que os professores o seguissem e "aprendessem" tanto os conteúdos como a própria organização das aulas.

O recorte das passagens pinçadas por Geraldi interessa-nos, tal é a atualidade dos discursos acadêmicos, especialmente no que diz respeito às práticas equivocadas do ensino de língua e ao papel distorcido do livro didático.

Muitos livros didáticos para o ensino de língua escrita, ou de ensino de português, são pautados apenas nas habilidades do conhecimento do sistema linguístico – a metalinguagem – e no método: sistematização, mecanização da palavra, da frase. Ainda se sustenta o privilégio, nas gramáticas pedagógicas, da metalinguagem em detrimento do tra-

balho facilitador da compreensão da complexidade linguística[12], o que gera uma grande confusão: "confunde-se estudar a língua com estudar Gramática" (Geraldi, 2003, p. 119).

De acordo com Britto (1997, p. 139), ao contrário do que prevalece nos livros didáticos de português, "o ensino formal de gramática seria, no mínimo, uma atividade de conscientização dos alunos sobre seu próprio saber linguístico, dentro de uma perspectiva pedagógica que valoriza as atividades metacognitivas", que instaura a educação linguística como primordial no ensino de língua.

Ao cumprir uma de suas funções, a inserção do aprendiz na sociedade urbano-industrial, a escola faz adaptações na sua prática pedagógica cotidiana e no material didático para adequar-se a um planejamento. Assim, atende-se, de certa maneira, aos objetivos do mercado de trabalho capitalista. Seguindo esse raciocínio, para que o cidadão possa se empregar e "sobreviver" na sociedade, a imposição do que deva ser um indivíduo escolarizado está implícita nos requisitos de exigência desse mercado. Desse modo, muitos livros didáticos, por reproduzirem essa padronização do ensino, são inadequados ao que se propõe hoje como educação democrática e dialógica (Dionísio e Bezerra, 2005; Rangel, 2005; Lauria, 2004; Britto, 2003; Kleiman, 2002).

É fato, portanto, a existência de um diálogo entre o material didático, a escola e as expectativas sociais:

> Amados, temidos, respeitados ou simplesmente usados para depois serem descartados, os livros didáticos têm andado de mãos dadas com a escola e, de uma forma ou de outra, parecem ser vetores pelos quais escoam visões de mundo e valores; namoros e brigas com

12 A esse respeito, remeto o leitor interessado a um trabalho anterior de minha autoria (Dias, 2009), no qual tive a oportunidade de fazer uma análise crítica da *Gramática da Língua Portuguesa* (Pasquale Cipro Neto e Ulisses Infante, Scipione, 2004), considerada um modelo da indústria cultural e um referencial para o ensino da língua portuguesa.

> a literatura, a língua, a redação. Sua utilização em sala de aula potencialmente conduz o aluno à leitura, à reflexão, à discussão, à operacionalização de habilidades e conhecimentos diversos, tratando-se de operação delicada tentar aferir os ganhos e perdas que ocasiona, visto que há vários elementos a interferir em seu efetivo aproveitamento (Lauria, 2004, p. 34).

Referidos por Lauria, os elementos que podem interferir no efetivo aproveitamento do material didático são das mais variadas ordens, como a formação do professor – que fará a mediação para o uso do livro didático –, os problemas sociais de acesso desigual aos bens culturais, bem como os problemas da política educacional brasileira.

Questões fundamentais sobre o ensino de língua e sobre o livro didático de português têm sido objeto de estudo e investigação, pois desde há muito tempo vem se discutindo, pesquisando e indagando sobre essa temática. Pergunta-se, então, por que os postulados da linguística moderna, já tão consolidados no campo acadêmico, não conseguem se solidificar no âmbito escolar e na sociedade?

As respostas para essa indagação estão relacionadas a fatores que interferem na produção do livro didático de português, às exigências mercadológicas da indústria cultural, a problemas da formação do professor e à ideologia que perpassa o funcionamento da nossa sociedade. Nesse sentido, a permanência de muitos livros didáticos no âmbito escolar como um produto-modelo da indústria cultural aceito e bem avaliado pelas exigências mercadológicas se justifica pela lógica da discriminação subsidiada pela escola e pela sociedade. Essas obras, como produto cultural, encontram eco no cotidiano escolar, tanto em decorrência das provas de avaliação e seleção, como pelo senso comum arraigado ao preconceito linguístico e pela forma de organização disciplinar do conhecimento na escola.

Nesse âmbito pedagógico, a língua é tida como um recurso derivado da estrutura alienante que limita a liberdade e dissimula a realidade, determinando aos sujeitos o caminho que deve ser seguido. Essa é a

razão pela qual podemos ser vítimas dessa estrutura. Ressalte-se, ainda, que o entendimento acerca da língua tem sido um dos entraves mais significativos para a ampliação do pensamento crítico e transformador, já que, concebendo-se a linguagem como sistema linguístico de estrutura abstrata, os indivíduos são colocados numa posição passiva, submissa e resignada, presas fáceis dos padrões ideológicos e da manipulação social.

Referências bibliográficas

ANDRADE, O. *Poesias reunidas*. Rio de Janeiro: Civilização Brasileira, 1971.

BAGNO, M. *Preconceito linguístico: o que é, como se faz*. 27. ed. São Paulo: Loyola, 2003.

______. "Cassandra, fênix e outros mitos". In: FARACO, C. (org.). *Estrangeirismos: guerras em torno da língua*. São Paulo: Parábola, 2004.

BANDEIRA, M. *Libertinagem e estrela da manhã*. Nova Fronteira: São Paulo, 2006.

BATISTA, A. A. G. *Recomendações para uma política pública de livros didáticos*. Brasília: Ministério da Educação, 2001.

BEZERRA, Maria Auxiliadora. "Textos: seleção variada e atual". In: DIONÍSIO, A. P.; BEZERRA, M. A. (orgs.). *O livro didático de português: múltiplos olhares*. 3 ed. Rio de Janeiro: Lucerna, 2005.

BITTENCOURT, C. "Autores e editores de compêndios e livros de leitura (1810-1910)". *Educação e pesquisa*. São Paulo, Feusp, v. 30, n. 3, set/dez. 2004.

BOURDIEU, P. *A economia das trocas linguísticas*. São Paulo: Edusp, 1998.

BRITTO, L. P. L. *A sombra do caos: ensino de língua x tradição gramatical*. Campinas: ALB/Mercado de Letras, 1997.

______. *Contra o consenso: cultura escrita, educação e participação*. Campinas: Mercado de Letras, 2003.

______. *Fugindo da norma: educação e consciência linguística*. Versão em elaboração, 2004.

COLELLO, S. M. G. *A escola que (não) ensina a escrever*. São Paulo: Paz e Terra, 2007.

DIAS, G. H. M. *Ensino de português: a caixa-preta da gramática pedagógica*. 2009. Dissertação (Mestrado em Psicologia e Educação) – Faculdade de Educação da Universidade de São Paulo (Feusp), São Paulo, São Paulo.

DIONÍSIO, A. P.; BEZERRA, M. A. (orgs.). *O livro didático de português: múltiplos olhares*. 3 ed. Rio de Janeiro: Lucerna, 2005.

FARACO, C. A. (org.). *Estrangeirismos: guerras em torno da língua*. São Paulo: Parábola, 2004.

Faraco, C. A. "Guerras em torno da língua – Questões de política linguística". In: Faraco, C. A. (org.). *Estrangeirismos: guerras em torno da língua.* São Paulo: Parábola, 2004.

Ferreiro, E.; Teberosky, A. *psicogênese da língua escrita.* Porto Alegre: Artes Médicas, 1986.

Fiorin, J. L. "Considerações em torno do Projeto de Lei 1676/99". In: Faraco, C. (org.). *Estrangeirismos: guerras em torno da língua.* São Paulo: Parábola, 2004.

Garcez, P. M. "A proposta de legislação antiestrangeirismos no Congresso Nacional do Brasil (1999-2003)". In: Faraco, C. (org.). *Estrangeirismos: guerras em torno da língua.* São Paulo: Parábola, 2004.

Geraldi, J. W. *Portos de passagem.* São Paulo, Martins Fontes, 2003.

Gnerre, M. *Linguagem, escrita e poder.* 4. ed. São Paulo: Martins Fontes, 1981.

Guedes, P. C. "E por que não nos defender da língua?". In: Gnerre, M. *Linguagem, escrita e poder.* 4 ed. São Paulo, Martins Fontes, 1998.

Kleiman, A. "Concepções da escrita na escola e formação do professor". In: Valente, A. (org.). Aulas de Português: perspectivas inovadoras. Petrópolis: Vozes, 2002.

Lauria, M. P. P. *Livro didático de português: entre as concepções de ensino, os trilhos da lei e as sendas do texto.* 2004. Tese (Doutorado em Linguagem e Educação). Faculdade de Educação da Universidade de São Paulo (Feusp), São Paulo.

Leite, M. Q. "Intolerância e linguagem: um estudo de caso". *Revista da Anpoll/Associação Nacional de Pós-graduação e Pesquisa em Letras e Linguística.* São Paulo: Humanitas/FFLCH/USP, n. 14, p. 175-188, 2003.

Lucci, E. A. "A História e a Geografia dos PCNs". 2002. Notas da palestra – e textos para debate – que o prof. Elian Alabi Lucci proferiu para professores de ensino fundamental e médio em todo o Brasil. Disponível em: http://www.hottopos.com.br/videtur12/elpcns.htm. Acesso em: jul. 2008.

Nosella, M. L. C. D. *As belas mentiras: a ideologia subjacente aos textos didáticos.* 5. ed. São Paulo: Moraes, 1981.

Oliveira, J. B. A. *A pedagogia e a economia do livro didático.* Rio de Janeiro: Associação Brasileira de Tecnologia Educacional (ABT), 1983.

Possenti, S. "A questão dos estrangeirismos". In: Faraco, C. (org.). *Estrangeirismos: guerras em torno da língua.* São Paulo: Parábola, 2004.

Rangel, Egon. "Livro didático de língua portuguesa: o retorno do recalcado. In: Dionísio, Ângela Paiva; Bezerra, Maria Auxiliadora (orgs.). *O livro didático de português: múltiplos olhares.* 3 ed. Rio de Janeiro: Lucerna, 2005.

Rouanet, S. P. "O eros das diferenças". *Folha de S.Paulo,* 9 fev. 2003, Cad. Mais, p. 10-2.

Teixeira, Jerônimo. "Riqueza da língua". *Veja,* São Paulo, ed. 2025, n. 36, 12 set. 2007. [adaptado]

Zilles, A. M. S. "Ainda os equívocos no combate aos estrangeirismos". In: Faraco, C. A. (org.). *Estrangeirismos: guerras em torno da língua.* São Paulo: Parábola, 2004.

3 Vivências de leitura: é possível superar a decodificação?[1]

SILVIA M. GASPARIAN COLELLO

Concepções sobre a língua escrita e práticas escolares

Quase trinta anos já se passaram desde que Paulo Freire proferiu a frase que se tornou célebre entre os estudiosos da linguagem: "A leitura do mundo precede sempre a leitura da palavra e a leitura desta implica a continuidade da leitura daquele" (1983, p. 22). Em um poema intitulado "Aula de leitura", Azevedo (2000, p. 9) recupera a mesma ideia, sugerindo que o ensino deve promover a prática da leitura no seu sentido mais amplo, isto é, a leitura a serviço da interpretação de mundo. Mais do que decifrar palavras, a leitura seria a possibilidade de "ler nas folhas do chão se é outono ou verão", "na cara do lutador quando está sentindo dor" e, "nas ondas soltas do mar, se é hora de navegar". Nessas metáforas, o que fica evidente é o efetivo diálogo entre leitor e escritor: uma interlocução historicamente situada que, pela negociação com o texto, favorece a construção interpretativa sobre a realidade que nos cerca.

A despeito dessa perspectiva de compreender a leitura pela reconstrução dialógica de significados, a língua escrita prevalece na escola como um bem indiscutível: um instrumental voltado prioritariamente para a transmissão de conteúdos que, alheio à realidade sociocultural do sujeito aprendiz, pode tornar-se ao mesmo tempo alienado e alienante, favorecendo o fracasso escolar (Geraldi, 1993; Colello, 2007). Entre os princípios equivocados que, historicamente, perpassam o ensino da língua na escola, destacam-se:

---

1 Uma versão reduzida e preliminar deste artigo, intitulada "A leitura para além da decodificação", foi apresentada no 17º Congresso de Leitura do Brasil (Cole), na cidade de Campinas (SP), em julho de 2009.

a) A aprendizagem da língua é um bem em si justificável pelo suposto potencial de emancipar os homens, como se o ensino não pudesse se realizar também de modo acrítico, isto é, voltado para um projeto social de massificação, de manipulação ideológica e de qualificação exclusivamente técnica para o mercado de trabalho.

b) A crença amplamente difundida de que a escrita é superior à fala, justamente por ser um sistema regrado e balizado pelas normas do "bem dizer" (Olson, 1997), não só justifica a prioridade da escrita sobre outras linguagens, como também institui o ensino da língua como um sistema fechado, cuja aprendizagem depende do domínio das suas unidades básicas (as letras, as sílabas ou as palavras) e da aquisição de normas e regras do sistema. Concebida como uma entidade autônoma, a escrita existe independentemente dos seus usuários e das relações que dão origem às suas manifestações. Em consequência disso, prevalece a dimensão estática (por vezes até preconceituosa) da língua na escola avaliada pelos critérios do "certo" e "errado"[2], o desrespeito à oralidade (como se a fala não tivesse uma estrutura gramatical e léxica muito rica, capaz de se ajustar aos mais diferentes temas e propósitos) e a versão das práticas descontextualizadas do escrever, insensíveis à condição do locutor ou ao seu contexto de produção.

c) O ensino da escrita se justifica na escola prioritariamente como instrumento para a transmissão do saber, sem considerar que a língua é, em si, um objeto de conhecimento. Por isso, a alfabetização tende a ser vista como uma etapa preliminar no processo de aprendizagem: uma aquisição pontual e transitória, situada nos dois primeiros anos de escolaridade e, não raro, operacionalizada pela lógica de que os fins justificam os meios (a aprendizagem da escrita em detrimento da formação do sujeito autor e leitor, ou das inicia-

2 A esse respeito, remeto à leitura do segundo capítulo deste livro: "Preconceito linguístico e ensino da língua portuguesa: o papel da mídia e as implicações para o livro didático".

tivas para a formação do gosto e hábito de leitura). Daí a distinção entre o momento de aprender a ler e escrever (centrado em práticas artificiais da língua) e o momento de fazer uso dessas habilidades (a escrita para aprender conteúdos ou a escrita para comprovar o domínio do conhecimento).

d) A alfabetização é consequência do ensino empreendido como processo linear, didaticamente controlado pela acumulação progressiva de informações sobre o código; uma progressão de aprendizagem calcada nas habilidades perceptomotoras, que se processa do fácil para o difícil, de fora para dentro, a partir do "marco zero" do conhecimento (o analfabetismo absoluto tomado de maneira independente das experiências letradas do sujeito). Acredita-se que, uma vez dominado o código, tudo pode ser lido ou escrito.

Duas são as posturas que, segundo Geraldi (1993) e Koch (2006), sustentam alternativamente as concepções e práticas equivocadas na escola. Em primeiro lugar, o entendimento de que a escrita seria a representação do pensamento. Nesse caso, o significado, fixado na consciência individual do autor, estaria concretizado no texto como um sistema autônomo e inflexível. Ler seria poder captar apenas o que ele quis dizer, isto é, depreender do texto o seu único significado. Em segundo lugar, a escrita, tratada como código de transcrição da fala (ou de recuperação desta com base nas marcas gráficas), apareceria como um sistema compreensível em si mesmo, independentemente do contexto de quem a produziu e até mesmo dos propósitos comunicativos. Como processos inversos, escrever seria codificar e ler seria decodificar, ambos tomados como práticas insensíveis aos processos cognitivos dos alunos, à situação interativa ou à condição dos interlocutores.

Em oposição a essas posturas, aprendemos com Bakhtin (2003) que a escrita é um sistema de interação essencialmente dialógico, que se apresenta necessariamente na perspectiva de encontro ativo entre pessoas para a negociação de sentidos. Isso porque a língua não se consti-

tui como um sistema fixado em si ou na competência de um falante em particular; sua produção não é, portanto, um processo unilateral e passivo. Nas palavras de Bakhtin (1981, p. 110): "A língua vive e evolui historicamente na comunicação verbal concreta, não no sistema linguístico abstrato das formas da língua nem do psiquismo individual dos falantes". No trabalho linguístico, aquele que escreve divide com seu interlocutor a responsabilidade pela construção dos sentidos e, além disso, espera dele uma atitude responsiva, seja para concordar, seja para discordar, ou até mesmo para silenciar. Em vez de se constituírem como unidades fechadas de informação, os textos nascem das múltiplas vozes que pairam no eterno diálogo interpessoal, constituindo-se como elos no encadeamento polifônico do processo comunicativo. Em vez de se constituírem como sistemas inflexíveis de interpretação, os textos promovem a recriação dialógica de sentidos que dá vida à própria linguagem, ao mesmo tempo que (re)significam ideias e (re)constituem pessoas.

Tomada como um sistema de negociação de sentidos, a leitura mobiliza diferentes competências e saberes, estabelecendo, no processo interpretativo, planos diversos de operacionalização do texto. Assim como Kleiman (2007) e Maingueneau (2005), Koch (2005) aponta para três sistemas integrados de conhecimento que mobilizam as estratégias de processamento textual: o linguístico, o sociointeracional e o enciclopédico. O primeiro diz respeito à língua propriamente dita, isto é, aos aspectos gramaticais e lexicais inerentes ao texto. O segundo refere-se às ações verbais baseadas em seus propósitos ("o porquê do texto"), ao perfil dos interlocutores ("o para quem no texto") e às normas ou ao gênero escolhido ("o como no texto"). Finalmente, o terceiro está relacionado ao conhecimento temático ou referencial informativo que apoiam o sujeito no processamento da leitura, seja permitindo antecipações do conteúdo, seja garantindo o suporte de informações prévias para o que está posto no texto, ou ainda favorecendo a conexão entre ideias.

A compreensão dos diferentes eixos de processamento textual e, sobretudo, da relação de complementaridade entre eles nos permite

apreender a amplitude e a complexidade da leitura, tal como descrito por Soares (2003, p. 31):

> [...] ler, sob a perspectiva de sua dimensão individual, é um conjunto de habilidades e conhecimentos linguísticos e psicológicos, estendendo-se desde a habilidade de decodificar palavras escritas até a capacidade de compreender textos escritos. Não são categorias polares, mas complementares: ler é um processo de relacionamento entre símbolos escritos e unidades sonoras, e é também um processo de construção da interpretação de textos escritos.
>
> Dessa forma, ler estende-se desde a habilidade de simplesmente traduzir em sons sílabas isoladas até habilidades de pensamento cognitivo e metacognitivo; inclui, entre outras habilidades, a habilidade de decodificar símbolos escritos; a habilidade de captar o sentido de um texto escrito; a capacidade de interpretar sequências de ideias ou acontecimentos, analogias, comparações, linguagem figurada, relações complexas, anáfora; e ainda habilidades de fazer predições iniciais sobre o significado do texto, de construir o significado combinando conhecimentos prévios com as informações do texto, de controlar a compreensão e modificar as predições iniciais, quando necessário, de refletir sobre a importância do que foi lido, tirando conclusões e fazendo avaliações.

Considerando que a competência leitora depende das relações que o sujeito é capaz de estabelecer no texto e com base nele, ativando, questionando e modificando os seus conhecimentos prévios, é preciso valorizar a leitura para além dos procedimentos de decodificação. Cada leitura é única para o leitor em sua relação com o texto, já que não se podem fixar as estratégias de negociação de sentidos. Nas palavras de Boruchovitch (2001, p. 3),

> a competência em leitura envolve um conjunto de habilidades que incluem, entre outras, a capacidade do leitor de criar suas próprias estratégias de compreensão, adequando-as às características do texto, construir significado, identificar a macroestrutura, a microes-

trutura e a superestrutura do texto, estabelecer uma rede de relações entre enunciados, organizando as informações que compõem as diferentes partes do material, realizar inferências, localizar informações relevantes, avaliar a informação recebida e utilizar adequadamente a informação.

Com o propósito de favorecer a compreensão diante da complexidade da leitura, este capítulo pretende analisar os diferentes planos de negociação de sentidos inscritos em práticas de decodificação, interpretação e interação com a língua e a escrita. Para tanto, investe em textos – correntes em nosso cotidiano ou mesmo literários – que, pela sua natureza, exercem diferentes apelos ao sujeito leitor: ora enfatizando o reconhecimento da língua, da dimensão fonética do sistema e do código de escrita, ora ressaltando o papel do gênero e da "arquitetura textual" na progressão temática, ora colocando em evidência as dimensões socioculturais inerentes às produções escritas, avaliando a importância do conhecimento prévio, dos discursos circulantes que envolvem leitor e escritor e do contexto necessariamente dialógico das práticas de leitura.

Privilegiando dimensões específicas dos textos estudados, o objetivo aqui é salientar diferentes estratégias de leitura para a negociação de sentidos, sem nos esquecermos de que as dimensões linguística, sociointeracional e enciclopédica estão presentes em qualquer produção escrita. Por isso, a finalidade não é classificar as estratégias em blocos estanques ou esgotar todos os mecanismos de interpretação em cada texto apresentado. As vivências de leitura aqui propostas pretendem ilustrar, em diferentes planos, alguns mecanismos de leitura e, assim, contribuir para a revisão das práticas escolares de ensino da língua escrita.

Vivências de leitura

Seria ingênuo conceber o conhecimento linguístico como um "saber em bloco", único e estável, para o processamento da leitura. Pelo con-

trário, o modo como o sujeito reconhece a língua, discrimina palavras e lida com as especificidades do código e das regras do sitema envolve uma pluralidade de saberes linguísticos que merecem ser considerados pelo educador no ensino da escrita. Os textos que se seguem enfatizam a dimensão linguística da leitura, tomada em diferentes aspectos.

Considere o primeiro exemplo e leia-o se for possível:

Das Mädchen aus Ipanema

Schau was für ein schöner Anblick
so voller Anmut
ist dieses Mädchen
was kommt und geht
mit wiegendem Schritt, auf dem Weg zum Meer.
Mädchen mit vergoldenem Körper
von der Sonne von Ipanema
ihr Gang ist mehr als ein Gedicht
es ist das Schönste, was ich je vorbei gehen sah[3].

A maior parte dos falantes de língua portuguesa poderia alegar a impossibilidade de ler o texto, tendo em vista o desconhecimento da língua na qual ele foi escrito. Nesse caso, se é verdade que saber ler convencionalmente em uma determinada língua não garante uma "ampla interpretação" (nem tudo que é escrito na língua materna pode ser compreendido), é também verdadeiro que "alguma interpretação" pode ser feita mesmo no caso de uma língua desconhecida, tomando como base a análise mais minuciosa do texto. Assim, a experiência de ler a famosa música "Garota de Ipanema" em alemão permite constatar que a dificuldade da leitura em língua estrangeira pode ser relativizada por outros mecanismos de construção interpretativa: pela conformação do texto em versos pode-se antecipar que se trata de uma poesia ou letra de música, e pela busca de nomes conhecidos, como "Ipanema", é possível prever a temática do texto.

---

3 Versão em alemão feita por Cristina Hundertmark.

Conclui-se que, com certeza, independentemente do conhecimento específico da língua, "um certo grau" de leitura e interpretação pode ocorrer graças ao estabelecimento de relações linguísticas com base no que é conhecido. É o que acontece com crianças menos experientes na leitura que, diante do desafio de ler um texto, podem antecipar informações e fazer suposições com base nas ilustrações do texto, na sua estrutura, no seu suporte material, no reconhecimento de algumas palavras etc.

Tendo em vista ainda a viabilidade do processamento da leitura, que outros fatores linguísticos podem interferir na decodificação da mensagem?

Considere o segundo exemplo[4] e leia-o, se for capaz:

> 3M UM D14 D3 V3R40, 3574V4 N4 PR414, 0853RV4ND0 DU45 CR14NC45 8R1NC4ND0 N4 4R314. 3L45 7R484LH4V4M MU170 C0N57RU1ND0 UM C4573L0 D3 4R314, C0M 70RR35, P4554R3L45 3 P4554G3NS 1N73RN45. QU4ND0 3575V4M QU453 4C484ND0, V310 UM4 0ND4 3 D357RU1U 7UD0, R3DU21ND0 0 C4573L0 4 UM M0N73 D3 4R314 3 35PUM4.

Um procedimento inseparável do reconhecimento da língua é a discriminação das letras ou a possibilidade de estabelecer a associação entre letras convencionais e outros sinais gráficos (no caso do exemplo, a relação entre letras e números). Na prática, a questão relacionada à decifração desse texto diz respeito à legibilidade, o que requer o reconhecimento das marcas ou dos dígitos no plano perceptual. No entanto, mais do que um exercício de simples discriminação (ou de decodificação das correspondências gráficas), o que está em jogo subsidiando a atividade de leitura é a busca de significado, o que situa a leitura como um exercício linguístico, e não como prática meramente perceptual.

---

4 De autoria desconhecida, o texto está publicado em vários *sites* na internet, entre os quais, http://www.maputo.co.mz/por/foruns/maputo/interessante. Acesso em 15 jun. 2010.

Transpondo o exemplo para as dificuldades de legibilidade tão comuns em crianças pouco experientes na escrita, ou em casos específicos de alunos com necessidades especiais (baixa visão ou comprometimento severo das capacidades motoras, cognitivas e perceptivas), mais uma vez considera-se a possibilidade de leitura parcial baseada nos "indícios" registrados no papel: ainda que eles não possam ler todas as letras, é possível se esforçarem para considerar o todo na busca de compreensão (a construção de significados). Um esforço que, obviamente, faz parte da experiência linguística do sujeito e, como tal, tem o seu mérito no processo pedagógico.

Considere o terceiro exemplo e leia-o, se for possível:

> ASEB CVOD ECEF GEH IUMJ KVENL MCEN ODORP, QTER SRAT UALV XGUNSZ AFALB CSOSD EAF GMIH IGOSJ KEL MALN OGUNSP QIR SNIT UMIV XGOSZ AVERB CDAD EDEIF GROSH.

O exemplo sugere que, além de discriminar as letras e reconhecer a língua, a construção dos significados depende da compreensão acerca do código da escrita, isto é, a possibilidade de associar língua e código. Um código não será uma língua a menos que possa ser traduzido em unidades de sentido. Neste caso, ao desvendar o código, ignorando a primeira e a última letra de cada palavra (em cuja sequência está a ordem convencional do abecedário), torna-se possível a um leitor e falante da língua portuguesa encontrar a máxima de Madre Teresa de Calcutá: "Se você é um vencedor, terá alguns falsos amigos e alguns inimigos verdadeiros".

Longe de ser um sistema construído apenas com base na correspondência entre sons e letras (fonemas e grafemas), a compreensão do código envolve, no entanto, saberes diversos sobre as convenções na construção do sistema e de seu funcionamento, como: a direção da leitura (da esquerda para a direita), a separabilidade de palavras, a relação destas com outros sinais gráficos, o agrupamento de ideias em parágrafos etc.

Ignorando o caráter linguístico do código da escrita, muitas vezes as práticas de ensino insistem no traçado mecânico das letras e na cópia, reduzindo o escrever ao desenho das letras e à reprodução de textos. Quão árido deve ser para uma criança passar horas copiando letras que não fazem sentido! É assim que se formam copistas; é assim que a alfabetização põe a perder o nascimento de efetivos escritores.

Para além das convencionalidades da língua, do código ou das regras do sistema, ilustrados nos exemplos anteriores, é possível apontar, ainda no plano dos conhecimentos linguísticos, mecanismos interpretativos que operam pelo reconhecimento do gênero textual, da cadência do texto e da fonética das palavras.

Considere o exemplo a seguir e, desprendendo-se de uma postura mais racional, envolva-se com o texto, deixando fluir uma linguagem de sons e imagens apenas sugeridas que talvez possam comprovar a criação de significados em dimensões menos convencionais da escrita:

Jaguadarte[5]

Era briluz. As lesmolisas touvas
Roldavam e relviam nos gramilvos
Estavam mimsicais as pintalouvas
E os mimorratos davam grilvos

"Foge do Jaguadarte, o que não morre!
Garra que agarra, bocarra que urra!
Foge da ave Felfel, meu filho, e corre
Do frumioso Babassurra!"

Ele arrancou sua espada vorpal
E foi atrás do inimigo do Homundo
Na árvore Tamtam ele afinal
Parou um dia sonilundo.

5 Carroll, Lewis. "Jabberwacky". Tradução de Augusto de Campos. In: *Aventuras de Alice: no país das maravilhas; através do espelho e o que Alice encontrou lá*. Tradução: Sebastião Uchoa Leite. 9. ed. São Paulo: Summus, 1980, p. 147.

E enquanto estava em sussustada sesta
Chegou o Jaguadarte, olho de fogo
Sorrelfiflando através da floresta,
E borbulia um riso louco!

Um, dois! Um, dois! Sua espada mavorta
Vai-vem, vem-vai, para trás, para diante!
Cabeça fere, corta e fera morta
Ei-lo que volta galufante.

"Pois então tu mataste o jaguadarte!
Vem aos meus braços, homenino meu!
Oh dia fremular! Bravooh! Bravarte!"
Ele se ria jubileu.

Era briluz. As lesmolisas touvas
Roldavam e relviam nos gramilvos
Estavam mimsicais as pintalouvas
E os mimorratos davam grilvos

A leitura do texto sugere mecanismos de interpretação que, amparados não só pelo conhecimento linguístico (as palavras conhecidas), podem se valer também de elementos menos objetivos: a construção de significados pela associação fonética (por exemplo, "briluz" como a associação de "brilho" e "luz", sugerindo um dia luminoso), o reconhecimento de elementos de referenciação ou da ordem sintática, a musicalidade ou ritmo do texto e a familiaridade com o gênero da poesia narrativa. O conjunto desses elementos torna possível a leitura baseada no não convencional. Regido, mais uma vez, pelo esforço cognitivo de quem transita no texto em busca de significado, o leitor acaba por fazer antecipações e criar hipóteses capazes de sustentar possíveis interpretações. O exemplo deixa clara a possibilidade da leitura criativa, inteligente e plural. Criativa porque permite a construção inédita de significados; inteligente porque, no processo interpretativo, viabiliza a negociação de sentidos; e plural porque favorece a tradução das palavras e dos versos em ideias múltiplas, um verdadeiro convite à interlocução dialógica e à negociação das compreensões possíveis!

A consideração da ambiguidade e da pluralidade linguística é particularmente oportuna na revisão das práticas pedagógicas que, ancoradas no modelo autônomo de letramento (Street, 1984; Kleiman, 1995), ignoram o contexto de produção e os mecanismos dialógicos na construção de sentido. Por isso, a escola tradicional tende a privilegiar uma única interpretação, fixada no texto (a autonomia do preto no branco). Nas palavras de Geraldi (1993, p. 121), o que se lê na escola é "um universo empobrecido, entre outras razões porque desambiguizado". Ao contrário, é o que se vê nas mais ricas produções literárias ou poéticas que, aos olhos do leitor, podem sempre ganhar outras interpretações e novos sentidos. A esse respeito, vale citar também a ousadia dos textos de propaganda que se valem da ambiguidade, do jogo de palavras e das diferentes interpretações para se aproximar do consumidor e fortalecer a sua mensagem.

Como quinto e sexto exemplos, considere os *slogans* de duas propagandas: a primeira feita pela fábrica de meias Lupo no período que antecedeu ao dia dos pais; a segunda, parte da campanha antidrogas um mês antes da Copa do Mundo de Futebol de 2010:

Pé de pai pede Lupo

Faça como Dunga, não use craque

O jogo de palavras que associa o substantivo "pé" e a preposição "de", transformando-os no verbo "pede", promove um jogo linguístico e sonoro que não só brinca com as categorias gramaticais, mas reforça a mensagem, atribuindo-lhe um tom afetivo (*o pai que pede*).

No exemplo seguinte, o lema antidrogas vincula-se diretamente ao discurso travado no âmbito esportivo que discutia a escalação feita por Dunga. No momento de alarde social com as expectativas da Copa, útil associar essa motivação às práticas de prevenção de drogas. Pela ambiguidade, o texto contempla uma dupla mensagem com a intenção de se

aproximar do leitor: o elogio ao técnico por não usar drogas e a crítica a ele pela não convocação de alguns ídolos do futebol brasileiro.

Nos dois casos, vale a pena constatar como o jogo linguístico é inseparável da dimensão sociointeracional, isto é, do estabelecimento da interlocução com o leitor (ou público-alvo).

Para além da compreensão do código e do reconhecimento linguístico, o conhecimento de ordem sociointeracional abarca uma série de estratégias vinculadas ao "para que" e "para quem" escrever ou ler, razão pela qual não se dissociam das esferas psicológica e sociocultural. Em outras palavras, aquele que lê ou escreve lança mão de saberes, expectativas e valores próprios de um determinado contexto.

Considere o sétimo exemplo e constate, em "ABC do Sertão", a composição de Zé Dantas e Luiz Gonzaga, como até mesmo as letras de música podem ser interpretadas de diferentes modos, de acordo com o contexto do leitor ou aprendiz, isto é, como a língua (que não é um fenômeno independente dos falantes) se modifica nos diferentes espaços culturais: "Lá no meu sertão pros caboclo lê / Têm que aprender um outro ABC / O jota é ji, o ele é Lê / O esse é si, mas o erre / Tem o nome de Rê / Até o ypsilon lá e pissilone".

Implícita no texto está a ideia de que até mesmo o ABC tem uma conotação específica no contexto do sertão. Para além do que o exemplo sugere, podemos conjecturar sobre as distâncias que se estabelecem entre o ensino da escrita tipicamente escolar e a aprendizagem do caboclo em diferentes formas de compreensão e uso da língua (por exemplo, concepções diferenciadas sobre a função social da escrita e as possíveis leituras de um mesmo texto, as variações linguísticas representadas pela fala popular e pela "norma culta" e, finalmente, os diferentes modos de compreender e interpretar um texto). Como um fenômeno corrente no quadro da educação brasileira, a falta de sintonia entre o ensino e a aprendizagem é uma das ocorrências que melhor explica a construção do fracasso escolar (Colello, 2004, 2007).

No que diz respeito às estratégias de leitura vinculadas à dimensão sociointeracional, importa também considerar o modo como a mensa-

gem é trazida pelo autor, isto é, a sua proposta de apresentação das ideias. Busque a mensagem principal no exemplo a seguir. Desfrute a dupla interpretação viabilizada pela "arquitetura do texto": a leitura de cima para baixo (do primeiro ao último verso) e, depois, em sentido contrário, de baixo para cima[6]:

Não te amo mais.
Estarei mentindo se disser que
Ainda te quero como sempre quis.
Tenho certeza de que
Nada foi em vão.
Sei dentro de mim que
Você não significa nada.
Não poderia dizer nunca que
Alimento um grande amor.
Sinto cada vez mais que
Já te esqueci!
E jamais usarei a frase
Eu te amo!
Sinto, mas tenho que dizer a verdade:
É tarde demais...

Esse exemplo evidencia que, no processo interlocutivo, os textos se constroem pelo movimento de progressão temática, fundado em mecanismos de retroação (a base do que já foi dito) e de prospecção (o que ainda há por dizer). A articulação desses elementos gerencia a "arquitetura do texto", favorecendo mecanismos interpretativos pela sequência do dizer ou pela ordem de apresentação das ideias (Koch, 2006). Isso explica por que o poema não pode ser lido como um amontoado de frases independentes, mas como um conjunto que traduz

6 Circulando na internet, o poema, frequentemente atribuído a Clarice Lispector, tem autoria discutível, conforme relatado no site <http://www.revista.agulha.nom.br/cli.html#poemeto>. Acesso em: 10 ago. 2009.

uma certa tessitura na exploração da temática. Fica evidente a necessidade de tratar o texto como unidade enunciativa (um convite à reflexão linguística ou temática direcionada a um leitor-interlocutor) em oposição às práticas pedagógicas centradas em unidades menores (a letra, a sílaba ou a palavra e até as frases descontextualizadas), tão comuns nas práticas pedagógicas. É nessa perspectiva que não se pode dissociar "o que dizer" (dimensão enciclopédica) do "como dizer" (dimensões sociointeracional e linguística).

Pensando na convencionalidade dos sinais gráficos (dimensão linguística), nos seus efeitos sobre a leitura (dimensão sociointeracional) para a veiculação de diferentes ideias (dimensão enciclopédica), considere o exemplo que se segue[7] e deleite-se com as possibilidades de interpretação da língua:

Vírgula pode ser uma pausa... ou não.
Não, espere.
Não espere.

Ela pode sumir com seu dinheiro.
23,4.
2,34.

Pode ser autoritária.
Aceito, obrigado.
Aceito obrigado.

Pode criar heróis.
Isso só, ele resolve.
Isso só ele resolve.

E vilões.
Esse, juiz, é corrupto.
Esse juiz é corrupto.

---

7 Texto publicado na ocasião da comemoração aos 100 anos da Associação Brasileira de Imprensa (ABI), no ano de 2008.

Ela pode ser a solução.
Vamos perder, nada foi resolvido.
Vamos perder nada, foi resolvido.

A vírgula muda uma opinião.
Não queremos saber.
Não, queremos saber.

Uma vírgula muda tudo[8].

O exemplo chama a atenção para o conhecimento das normas da escrita, mais especificamente para o valor da pontuação. Trata-se de um conhecimento linguístico de difícil assimilação para crianças menos experientes na escrita, uma vez que não encontra correspondência formal na oralidade. Como outras regras do sistema que podem interferir na interpretação da língua escrita, gerando ambiguidades, confusões ou incoerências, a aprendizagem da pontuação pressupõe um esforço de metaliguagem que não pode se dissociar do exercício interpretativo nem dos propósitos sociais da leitura. Mais do que o respeito às normas linguísticas, a pontuação ajustada representa, por esse motivo, a perspectiva de deslocamento da condição de produtor para a de intérprete do texto na construção do que se pretende dizer.

Na relação entre as dimensões sociointeracional e enciclopédica, é preciso levar em conta que as mensagens de um texto nunca partem de um "marco zero" sobre um determinado assunto. Como fração de um grande discurso constantemente travado entre os homens, cada enunciado ou produção linguística é, para Bakhtin, um elo na polifonia das muitas vozes de um dado contexto sócio-histórico:

> Nenhum enunciado em geral pode ser atribuído apenas ao locutor: ele é produto da interação dos interlocutores e, num certo sentido

---

8 Campanha dos 100 anos da ABI. Disponível em <http://consiliencia.blogspot.com/2008/08/vrgula-pode-ser-uma-pausa-ou-no.html>. Acesso em: 13 nov. 2010.

mais amplo, o produto de toda situação social complexa em que surgiu. (Bakhtin, 1981, p. 50)

Considere o próximo exemplo, divirta-se e tente perceber como cada enunciado pressupõe referências socialmente compartilhadas sobre o assunto:

O que escrever em seu túmulo?[9]

Se você é...
ESPÍRITA: Volto já.
INTERNAUTA: www.aquijaz.com.br
AGRÔNOMO: Favor regar o solo com Neguvon. Evita Vermes.
ALCOÓLATRA: Enfim, sóbrio.
ARQUEÓLOGO: Enfim, fóssil.
ASSISTENTE SOCIAL: Alguém aí, me ajude!
BROTHER: Fui.
CARTUNISTA: Partiu sem deixar traços.
DELEGADO: Tá olhando o quê? Circulando, circulando...
ECOLOGISTA: Entrei em extinção.
ENÓLOGO: Cadáver envelhecido em caixão de carvalho, aroma Formol e after tasting que denota presença de microorganismos diversos.
FUNCIONÁRIO PÚBLICO: É no túmulo ao lado.
GARANHÃO: Rígido, como sempre.
GAY: Virei purpurina.
HERÓI: Corri para o lado errado.
HIPOCONDRÍACO: Eu não disse que estava doente?!?!
HUMORISTA: Isto não tem a menor graça.
JANGADEIRO DIABÉTICO: Foi doce morrer no mar.
JUDEU: O que vocês estão fazendo aqui? Quem está tomando conta do lojinha?
PESSIMISTA: Aposto que está fazendo o maior frio no inferno.

---

9 De autor desconhecido, o texto pode ser encontrado em diversos *sites* da internet, como em: <http://recantodasletras.uol.com.br/humor/1539036. Acesso em: 16 nov. 2010.

PSICANALISTA: A eternidade não passa de um complexo de superioridade mal resolvido.
SANITARISTA: Sujou!!!
SEX SYMBOL: Agora, só a terra vai comer.
VICIADO: Enfim, pó!
ADVOGADO: Disseram que morri .... Mas vou recorrer!!!

De fato, o texto está repleto de discursos circulantes na sociedade com os quais dialoga e faz troça, prevendo "saberes comuns" supostamente compartilhados entre autor e leitor. Por isso, parte das estratégias de interpretação supera a leitura do texto em si, remetendo o leitor à busca de significados que incluem não só fatos, mas também valores, modos de comportamento e de discurso dos personagens em questão (a gíria, a linguagem técnica etc.). Além disso, tendo em vista os propósitos do texto, há um convite implícito para a adesão do leitor às posturas preconceituosas, tomadas como pontos pacíficos que, na situação da piada, aproximam os interlocutores do texto.

Quando a informação subjacente ao texto não pode ser compartilhada pelo leitor, a construção de sentidos fica corrompida. Essa é, aliás, uma situação particularmente interessante para apreender a complexidade do processo de leitura, porque, ainda que seja possível entender a língua, discriminar as letras, reconhecer o código, compreender as estruturas semânticas, gramaticais e sintáticas do que foi escrito e até vislumbrar uma lógica na progressão temática, a inibição do processo interlocutivo com o texto (ou com o autor) compromete os mecanismos interpretativos e a eficiência da leitura. A esse respeito, vale conferir o exemplo a seguir:

Um jornal é melhor que uma revista. Uma praia é melhor que uma rua. No início, é melhor correr do que andar. Você tem que tentar várias vezes. Exige uma certa habilidade, mas é fácil de aprender. Mesmo crianças pequenas podem apreciar. Uma vez bem-sucedido, as complicações são mínimas. Pássaros raramente chegam muito perto. Mas a chuva penetra rapidamente. Muitas pessoas fazendo a

> mesma coisa pode gerar problemas. Você vai precisar de muito espaço. Se não há complicações, pode ser muito tranquilo. Uma pedra pode servir como âncora. Mas se as coisas se soltam você não terá uma segunda chance. (Bransford e Johnson, 1972, p. 719)

Qual o tema do texto? Como articular as várias afirmações do texto em um sistema explicativo?

A dificuldade em responder a essas perguntas desaparece se o leitor souber que o texto está se referindo à prática de empinar pipas. Dessa forma, fica claro que a leitura de um texto depende de um certo conhecimento de mundo (dimensão enciclopédica) e da possibilidade de o leitor estabelecer relações com conhecimentos prévios e com suas experiências sobre o tema (dimensão sociointeracional). É assim que uma criança que já tenha experimentado fazer uma pipa com jornal ou revista pode compreender, melhor que um adulto inexperiente nessa brincadeira, a diferença aludida no texto.

Para além dos significados, racionalmente explicados, há também os sentidos atribuídos à leitura, como seria o caso de uma criança que, uma vez tendo perdido a sua pipa, a partir da leitura do texto em questão, poderia resgatar sentimentos e memórias de quem não teve uma segunda chance.

Bettelheim e Zelan (1984, p. 82) explicam que as experiências afetivas, as expectativas emocionais sobre o texto, o vínculo que a criança tem com a escola ou com a atividade em si são decisivos para a atribuição de significados no processo de leitura:

> [...] a criança é incapaz de se separar da gravura, do acontecimento, ou da situação sobre a qual lê, e precisa conformá-los à sua própria maneira de ver as coisas, gratificar seus desejos e não despertar suas angústias. Ela projeta as suas preocupações emocionais na palavra impressa. Tendo menos experiência com seu autocontrole, em geral ela ainda não aprendeu a separar a palavra impressa dos sentimentos que esta lhe desperta.

A leitura e interpretação de um texto constituem, portanto, uma experiência simultaneamente linguística, cognitiva e afetiva. Estaria a escola preparada para lidar com essas esferas, respeitando a sua pertinência e articulação nos procedimentos de leitura?

Considerações finais

Compreender o que se ensina e por que se ensina é vital para delinear o como se ensina. Assim, se a língua escrita é concebida como um exercício de produção linguística e de constituição do sujeito (Bakhtin, 1981, 2003; Geraldi, 1993), se a aprendizagem da leitura é entendida como o esforço de ampliar estratégias de construção de significados, pressupondo o envolvimento ativo de alguém que hipotetiza, antecipa, adere, rejeita, questiona, interpreta e busca respostas (Boruchovitch, 2001; Koch, 2005, 2006; Solé, 1998), se o uso da escrita é uma possibilidade construída cognitiva, afetiva e socialmente (Arantes, Leite e Colello, 2010; Soares, 2003; Bettelheim e Zelan, 1984), não há como negar a necessidade de rever as práticas de ensino centradas no código e na suposta rigidez da língua. Nas palavras de Camps (2006, p. 12),

> Os textos não são uma soma de palavras ou frases, nem unidades isoladas das situações em que se produzem. Se na aprendizagem os separarmos delas, os alunos não aprenderão o que é inerente: participar do diálogo humano por meio, também, da palavra escrita [...]

O conjunto de textos aqui apresentado favorece a compreensão da leitura como processo complexo, operacionalizado em diferentes instâncias de negociação interpretativa. Sob essa ótica, tão importante quanto o reconhecimento da língua, do código e das regras do sistema linguístico, está a configuração do como e para que escrever (os gêneros, a relação interativa estabelecida pelo texto e o propósito da escrita), entendidos pela dimensão sociointeracional da leitura. Da mesma for-

ma, devem ser considerados os processos de leitura sustentados também pelo próprio conhecimento de mundo (a dimensão enciclopédica). Pelo tripé dos conhecimentos linguísticos, sociointeracionais e enciclopédicos relacionados aos processos de leitura impõe-se a necessidade de reorientação pedagógica em prol do engajamento ativo do leitor.

Tão importante quanto aprender a ler é conquistar a postura de leitor capaz de se envolver nos procedimentos de leitura, lançando mão de sofisticadas estratégias de construção de significados, fazendo perguntas ao texto e recriando relações entre as ideias (Solé, 1998). E, na medida em que se estabelecem as relações de construção de significado, a leitura é também uma atividade essencialmente criativa (Bakhtin, 1981, 2003; Geraldi, 1993; Marcuschi, 2008).

Quando a leitura de decodificação, mecânica e meramente instrumental, puder dar espaço a práticas leitoras inteligentes, integradas ao processo de interação social e de conhecimento humano, talvez possamos ensinar na escola as muitas formas de leitura, os inúmeros mecanismos de construção e reconstrução de sentidos e, finalmente, investir em processos de comunicação mais dialógicos, compatíveis com a edificação de uma sociedade efetivamente democrática.

Referências bibliográficas

ARANTES, V. A.; LEITE, S., COLELLO, S. M. G. (orgs.). *Alfabetização e letramento: pontos e contrapontos.* São Paulo: Summus Editorial, 2010.

AZEVEDO, R. *Dezenove poemas desengonçados.* São Paulo: Ática, 2000.

BAKHTIN, M. *Marxismo e filosofia da linguagem.* São Paulo: Hucitec, 1981.

______. *Estética da criação verbal.* São Paulo: Martins Fontes, 2003.

BETTELHEIM, B.; ZELAN, K. *Psicanálise da alfabetização.* Porto Alegre: Artes Médicas, 1984.

BORUCHOVITCH, E. "Algumas estratégias de compreensão em leitura de alunos do ensino fundamental". In: *Psicologia escolar e educacional*, v. 5, n. 1. Campinas: Associação Brasileira de Psicologia Escolar e Educacional (Abrapee), 2001.

BRANDSFORD, John D.; JOHNSON, Marieta K. "Contextual prerequisites for understanding: some investigations of comprehension and recall". In *Journal of verbal learning and verbal behavior*, vol. 11, issue 2, Nova York: Academic Press, 1972, p. 717-726.

CAMPS, A. *Propostas didáticas para aprender a escrever.* Porto Alegre: Artmed, 2006.

CARROLL, L. *Aventuras de Alice: no país das maravilhas; através do espelho e o que Alice encontrou lá.* Tradução: Sebastião Uchoa Leite. 9. ed. São Paulo: Summus, 1980.

COLELLO, S. *Alfabetização em questão.* São Paulo: Paz e Terra, 2004.

______. *A escola que (não) ensina a escrever.* São Paulo: Paz e Terra, 2007.

FREIRE, P. *A importância do ato de ler em três artigos que se completam.* São Paulo: Autores Associados/Cortez, 1983.

GERALDI, J. W. *Portos de passagem.* São Paulo: Martins Fontes,1993.

KLEIMAN, A. B. (org.). *Os significados do letramento.* Campinas: Mercado das Letras, 1995.

KLEIMAN, A. B., CAVALCANTI, C. (orgs.). *Linguística aplicada.* Suas faces e interfaces. 1. ed. Campinas: Mercado de Letras, 2007.

KOCH, I. *O texto e a construção dos sentidos.* São Paulo: Contexto, 2005.

______. *Desvendando os segredos do texto.* São Paulo: Cortez, 2006.

MAINGUENEAU, D. *Análise de textos de comunicação.* São Paulo: Contexto, 2005.

MARCUSCHI, L. A. *A produção textual, análise de gêneros e compreensão.* São Paulo: Parábola Editorial, 2008.

OLSON, D. R. *O mundo no papel.* São Paulo: Ática, 1997.

SOARES, M. *Alfabetização e letramento.* São Paulo: Contexto, 2003.

SOLÉ, I. *Estratégias de leitura.* Porto Alegre: Artmed, 1998.

STREET, B. V. *Literacy in theory and practice.* Cambridge: Cambridge University Press, 1984.

parte II Trajetórias escolares e o processo de alfabetização de crianças e adultos

4 A perspectiva infantil sobre a escrita na escola

TERESA CRISTINA FERNANDES TEIXEIRA

O fracasso escolar é um problema que ainda persiste em nosso país. Enfrentar essa complexa realidade educacional requer mais atenção para que uma visão mais crítica possa se delinear. O aluno encontra-se em situação de inclusão numérica no sistema educacional, sem que isso lhe proporcione, necessariamente, condições mais favoráveis para sua permanência com sucesso nesse sistema. Em muitos casos, ocorre o contrário: parece que a escola acaba reforçando desigualdades sociais que supostamente deveria superar e promovendo, às vezes, a exclusão em vez da inclusão pretendida. Como agravante, existe a tendência de responsabilização da própria criança por sua "incapacidade" de se sair bem na escola. As teorias que enfatizam a carência ou incompetência da criança já tiveram mais adeptos em décadas passadas, mas continuam presentes no senso comum e também nos meios acadêmicos (Patto, 1991; Ferreiro, 1993). Não raro as explicações para casos de fracasso escolar apontam para a existência de crianças portadoras de alguma dificuldade (ou deficiência) específica, emocional ou de linguagem, ou mesmo dos genéricos "problemas de aprendizagem" (Ferreiro, 1993; Zorzi, 2003).

Com o foco ampliado para o estudo do homem em seu contexto histórico e cultural, as contribuições de Vygotsky (1994) e Bakhtin (1986) permitem que se proceda à desconstrução de argumentos que, por serem estigmatizantes, contribuem pouco para o enfrentamento de problemas que exigem uma intervenção diversificada. No caso dos alunos, é possível ir além dos rótulos que lhes são atribuídos. Em um exercício de ressignificação do fracasso escolar, revelam-se questões e conflitos

subjetivos dos indivíduos, que têm sua condição de existência amalgamada às interações sociais, num determinado contexto: são construídos historicamente num tempo e lugar, na escola, na cultura. Por isso, investigar essa temática na perspectiva infantil e buscar a compreensão da forma como a criança interage na escola pode ser relevante para a otimização de suas chances de bom desenvolvimento e aprendizagem.

A pesquisa

Tomando a criança como sujeito de sua história escolar, desenvolvi uma pesquisa enfocando o momento em que ela faz uma das importantes travessias de seu percurso escolar, ao sair da Educação Infantil (EI) e iniciar o 1º ano do Ensino Fundamental (EF) (Teixeira, 2008). A escolha desse momento deve-se ao reconhecimento de uma mudança brusca de paradigmas nessa etapa do processo educativo (Kramer, 2005; Ferreiro, 1993, entre outros). Podemos considerar que

> [...] o ingresso no EF marca, definitivamente, o vínculo [da criança] com a vida estudantil. Mais do que aprender determinados conteúdos, o aluno enfrenta o desafio de se adaptar à vida escolar e à dinâmica de estudo, colocando-se disponível ao conhecimento. Nesse sentido, é lamentável constatar que, ao longo dos anos de escolaridade, muitas crianças que ingressaram na primeira série curiosas e interessadas chegam ao final do curso como portadoras de uma vasta carga de conhecimentos e habilidades, mas, infelizmente, sem a disposição de seguir seus estudos ou interessar-se pelo ensino. Até que ponto a escola constitui-se como uma "máquina de ensinar" que rouba de seus alunos a vontade de aprender? (Collelo, 2001, p. 52)

De acordo com o senso comum, na EI desenvolve-se mais o brincar e no EF o "trabalho sério" (Colello, 2001). Podemos supor, então, que isso tenha alguma influência sobre o modo como as crianças percebem o conhecimento e, mais especificamente, a aprendizagem da escrita na

escola; sobre o tipo de expectativas e disposição com que lidam com essa aprendizagem.

Tendo em vista que as relações estabelecidas pela criança com a escola são fatores constituintes do sucesso escolar, a passagem da EI para o EF pode ser vista como um momento especialmente importante, com forte impacto na forma como a criança lida com a escola. Partindo desse pressuposto, considerei a hipótese de que, na transição entre as duas fases, as crianças ora encontram aspectos facilitadores, ora lidam com dificuldades, fatores que podem se refletir no processo de alfabetização. Na complexidade das práticas escolares, relações e interações, exigências e desafios, expectativas, surpresas e decepções, momentos de realização ou de tensão, a criança vai progressivamente construindo os vínculos com a vida escolar e seus significados.

O objetivo dessa pesquisa foi identificar e mapear os sentidos que pode ter para a criança sua forma de interagir com a escola nesse momento de transição, e as implicações desses sentidos para a aprendizagem da escrita, sentidos esses que nem sempre são levados em conta pelos educadores.

Para melhor compreender, considerei oportuno ouvir as crianças. Apesar de não ser uma prática muito comum na metodologia de pesquisa educacional, entrevistar as crianças "é a única maneira que se tem para desvendar algumas questões. Não há outra forma ou método: ou se recorre às crianças ou se fica sempre trabalhando com a visão do adulto" (Demartini, 2001, p. 2). Ignorar a ótica da criança sobre sua própria experiência escolar pode ser uma forma de ignorá-la como sujeito, o que configuraria um mecanismo de exclusão.

No discurso das crianças, o caráter valorativo sobre o que fazem e sobre o que gostam ou não de fazer na escola relaciona-se com a motivação que elas têm para frequentar esse lugar. Assim, a dimensão afetiva da sua fala pode ser considerada como parte constitutiva de sua subjetividade, de sua identidade (Hidalgo e Palácios, 1995).

Como um interessante foco de investigação, buscar compreender a criança a partir de seu discurso permite considerar suas perspectivas,

seus processos de interação e, particularmente, sua relação com a língua escrita[1].

Seguindo diretrizes da metodologia de pesquisa qualitativa, busquei apreender a relação que a criança estabelece com a aprendizagem da língua escrita e com as atividades de escrita na escola. Para tanto, procedi a uma abordagem de caráter etnográfico articulada ao enfoque microgenético, com apoio na concepção enunciativo-discursiva da linguagem. Como procedimentos típicos da etnografia, utilizei observação participante e diário de campo, que contribuem com a apreensão da realidade da criança por meio de detalhes das relações interpessoais e de recortes de episódios interativos (Corsaro, 2005; Góes, 2000; Bakhtin, 1986). Realizei também entrevistas individuais com as crianças e com as professoras, além de grupos focais com as crianças. Com base no mapeamento dos dados coletados, foram criadas categorias de análise, com destaque para os sujeitos que se constituíram, em sua singularidade, como casos emblemáticos.

A pesquisa foi realizada com 20 crianças em duas escolas públicas da Prefeitura Municipal de São Paulo, num bairro periférico da zona oeste, em dois momentos: na Fase I, em classes do último estágio da EI, e na Fase II, em classes da 1º ano do EF. As crianças pesquisadas apresentavam variadas características apontadas pelas professoras: "bons alunos"; "alunos-problema"; crianças mais passivas ou mais extrovertidas; crianças com situação familiar diversificada quanto às condições socioeconômico-culturais e, mais especificamente, quanto ao grau de envolvimento com a escola e desempenho relativo às habilidades de leitura e escrita.

---

1 A referida pesquisa (Teixeira, 2008) enfocou a perspectiva da criança sob três eixos: quanto à sua interação com a cultura escolar de um modo mais geral, com os atores sociais do contexto escolar (professores e colegas) e com a língua escrita como objeto de conhecimento na escola. Neste artigo, são expostos apenas alguns dados relativos à forma como a criança vê sua interação com a língua escrita na escola.

Interação com a língua escrita

As condições do contexto familiar e da trama social de cada criança variam muito, especialmente em nosso país, onde há enorme disparidade de níveis socioeconômico-culturais, e esse fator tem muitas implicações no modo como cada um aprende, valoriza esse saber e se disponibiliza para a sua aquisição e uso (Ribeiro, 2003; Soares, 1991). Para além da família, é principalmente a escola que figura como depositária da grande expectativa social de transmissão da bagagem cultural acumulada. A alfabetização ocupa um papel central entre os objetivos escolares, é considerada básica para o exercício da cidadania, ao mesmo tempo que serve de ferramenta para outras aprendizagens que se apoiam na língua escrita.

Na passagem da EI para o EF, a aprendizagem da escrita configura-se como um dos principais eixos de investimento pedagógico e cobrança escolar. Se na EI era considerado aceitável que a criança visse a escola como um lugar para o lúdico, as expectativas familiares e sociais tendem, no EF, a se voltar fortemente para a exigência de atividades mais dirigidas às habilidades do ler e do escrever, consideradas prerrequisito para a aprendizagem escolar. Apesar disso, infelizmente, os estudos e avaliações (Inaf [2010], Ideb [2010], entre outros) têm mostrado um descompasso entre os investimentos que têm sido feitos visando a melhoria da aprendizagem das crianças na escola e os resultados obtidos. Devemos considerar que, para além das metas de ensino da escrita, há uma dimensão menos evidente do aprender a ler e a escrever que deve estar presente desde as séries iniciais, assim como na EI: os sentidos próprios da existência da língua escrita, seus usos e funções – motivação intrínseca para a aprendizagem.

Crianças que vivem num ambiente permeado pela cultura escrita chegam à escola já conhecendo, em algum grau, as funções sociais e o valor da escrita, tendo assim melhores condições de participar do processo de alfabetização, mesmo quando o ensino se faz por meio de atividades artificiais e descontextualizadas, como é o caso do ensino

tradicional. Há outras crianças, no entanto, que têm menos experiências com a escrita e, por isso, compreendem pouco as suas funções e modalidades. A não consideração dessa realidade acaba gerando práticas escolares que favorecem o fracasso de muitas crianças na alfabetização e na escola (Ferreiro, 1993; Colello, 2007).

A partir de seus diferentes contextos de cultura escrita, as crianças pesquisadas falaram sobre como se sentem na escola com relação ao ler e ao escrever, sobre o sentido e o tipo de relação que estabelecem com essas atividades. Para facilitar a exposição, organizei a análise dos dados em dois eixos de abordagem: atividades em classe e lição de casa.

Atividades de leitura e escrita em classe

Das vinte crianças pesquisadas, onze se manifestaram de maneira positiva com relação às atividades escolares, explicitando gostar do que fazem. Nesses casos, as crianças demonstraram animação em suas manifestações, frequentemente enumerando/descrevendo as atividades rotineiras de ler e escrever com certa conotação de "orgulho" de estar "dando conta" de fazer tantas coisas. Poucas (cinco) criticaram diretamente as atividades escolares relacionadas à língua escrita, enquanto outras (quatro) não explicitaram diretamente elogios ou críticas, mantendo uma opinião neutra. Um panorama relacionando a visão das crianças pesquisadas sobre as atividades escolares com seu desempenho escolar (de acordo com relato da professora) pode ser visto na Tabela 1.

Exemplificando a vertente bastante compreensível de crianças com "dificuldade na alfabetização" que têm uma visão negativa da língua escrita, vejamos o que diz[2] Amanda:

2 Estes depoimentos provêm da entrevista individual (Ent.) ou do grupo focal (GF). Para facilitar a visualização, as falas das crianças estão em itálico. Os nomes das crianças são fictícios. As falas da pesquisadora estão identificadas com a letra P.

Tabela 1 - Atividades escolares *versus* desempenho escolar

		Desempenho escolar da criança de acordo com relato da professora		**TOTAL**
		"dificuldade na alfabetização"	"boa aprendizagem" ou "acompanha a media da classe"	
Opinião da criança sobre atividades escolares	negativa	3	2	5
	positiva	2	9	11
	não se posicionou (descritivo)	-	4	4
TOTAL		5	15	20

> Amanda - *Ah, tem que fazer umas palavras, aí eu não sei, né? Tem gente que faz... depois a professora põe na lousa, e eu copio.* [...] *Eu não gosto de nada, porque eu não sei, e é chato!* [...] *Tudo! É qualquer coisa, é chato!* (Ent. - EI)

Assim como nesse exemplo, há diversas atividades de ler e escrever feitas de maneira mecânica também no EF, apenas como um exercício escolar, gerando situações que carecem de sentido para as crianças, como exemplifica o relato de Fátima, descrevendo as atividades que faz em classe:

> Fátima - *Ler, escrever nome de bicho; copiar da lousa; não gosto.* (Ent. - EF)

Os objetivos vazios de significado não parecem motivar as crianças a escrever, uma vez que se constituem em palavras soltas, com destino incerto. De acordo com diversos autores (Ferreiro, 1993; Rocha, 2003; Weisz, 2003; Colello, 2007, entre outros), a preocupação com o ensino do desenho das letras, assim como da construção de palavras isoladas,

não pode tomar o lugar, muito mais importante, do ensino da escrita como linguagem. A ênfase excessiva na "mecânica" do ler e do escrever deturpa o ensino porque há o risco de que a codificação e a decodificação se sobreponham à linguagem escrita como tal (Vygotsky, 1994).

Para as crianças em geral, é legítimo considerar a necessidade de estratégias que apoiem o descobrimento da língua escrita no que diz respeito aos seus usos e funções comunicativas, tanto no sentido de cativar seu interesse como dando mais subsídios a descobertas cognitivas que só podem acontecer com a continuidade da exposição ao objeto de aprendizagem em questão, a língua escrita.

Curiosamente, a relação negativa com a escrita e com a leitura aparece também entre alguns dos que são considerados pela professora como bons alunos. Enquadrando-se nessa condição, o caso de Elisa representa os efeitos nocivos de uma escola que subestima seus alunos. Apresentando bom desempenho na alfabetização, a menina faz críticas às atividades de leitura e de escrita já na EI:

> Elisa - *Por causa que aqui a professora só dá pouca lição, e a gente não aprende quase nada.* [...] *Eu acho chato, porque eu queria aprender a ler e a escrever, minha mãe me pôs aqui... a professora não tá dando muita aula.* [...] *É pouca lição... são quase nada pra mim.* [...] *É... quando a gente tem que escrever uma coisa, a gente tem que copiar da lousa, num tem que ler, que... ver o que tá faltando, escrever do jeito que sabe... É que a professora escreve, e ela deixa lá, e a gente tem que copiar, e eu num gosto muito disso... Eu gosto é... quando a gente tem que escrever do jeito que sabe.* (Ent. - EI)

Elisa explicita, com relação ao que a escola deveria lhe ensinar, uma expectativa que está longe de ser contemplada. Em sua declaração transparecem ecos de outras vozes, havendo similaridade com a crítica que sua mãe costuma fazer à escola, conforme me explicou a coordenadora da EI. Sentindo as atividades escolares como muito fáceis e pouco desafiadoras, Elisa considera a escola "chata". As atividades de cópia, frequentes na escola, também merecem a crítica de Elisa. Ela de-

monstra apreciar mais "quando a gente tem que escrever do jeito que sabe", seja porque essa situação lhe garante a possibilidade de ser autora de seu próprio texto (contar as suas histórias, eleger seus temas e colocar-se como efetiva produtora de textos), seja porque na escrita espontânea ela encontra o desafio da escrita lidando com ele, ainda que tenha "que pedir ajuda pra professora".

Vejamos o depoimento de Elisa no ano seguinte, sobre sua experiência no EF com relação às atividades de leitura e escrita:

> Elisa - *Uma chatice. Só perda de tempo... a professora não ensina nada direito...*
> P - O que você acha que ela deveria ensinar?
> Elisa - *Ah! Ela devia ensinar outras coisas, aqui...*
> P - Por exemplo...
> Elisa - *Por exemplo... Ah! Não sei! Nada aqui é legal.* (Ent. - EF)

Essa atitude de crítica severa, considerando só os pontos negativos, pode estar relacionada à alta expectativa de Elisa em relação às atividades a serem desenvolvidas na nova escola. Pode-se ver que, no EF, o aumento da frequência e da diversidade de atividades de leitura e escrita não foi suficiente para que Elisa considere que a escola está cumprindo o papel que ela imaginava, uma expectativa que, muito provavelmente, é alimentada pelos valores familiares.

A "transferência" das expectativas familiares para a criança é uma ocorrência comum, tendo em vista a influência dos pais sobre os filhos (Cubero e Moreno, 1995). Há, no entanto, uma dupla mão nesse tipo de relação, que interessa ser explorada: a escola, ao mesmo tempo que se constitui como depositária das expectativas familiares e da criança, tem também, a cada momento, a possibilidade renovada de alterar essa expectativa, o que pode ser mais bem administrado se houver possibilidade de diálogo entre as partes envolvidas. Assim, torna-se clara a importância do estreitamento do vínculo entre escola, criança e família, o que vem a contribuir para a configuração de uma escola que res-

ponda melhor a necessidades específicas da criança, do grupo-classe e da comunidade, ajustando o modelo abstrato de escola, muito geral e distante das diversas circunstâncias de cada localidade, de cada população.

Em uma lógica contrária, outras crianças também fugiram do que seria mais tipicamente esperado. São os casos em que, apesar do desempenho "fraco" na aprendizagem, demonstraram em seu discurso uma disposição positiva e favorável às atividades de ler e escrever na escola. O exemplo de Inês é ilustrativo desse tipo de ocorrência:

> Inês - *Eu estudo... Eu faço o calendário, eu faço desenho... e também eu pinto as coisinha que a professora manda fazer.* [...] *A professora conta uma história pra nós, aí, depois, tem um negocinho assim que tem que ler, aí, nós lê, aí, depois, tá escrito "coelhinho", aí, nós consegue... Aí, depois, lê. Aí, a professora conta a história. Aí, depois, nós tem que fazer o desenho da história, e também, se nós assiste filme de vídeo ou de DVD, nós tem que fazer desenho.* (Ent. - EI)

No EF, para a mesma pergunta, ela diz:

> Inês - *Quando eu chego, eu faço calendário primeiro... eu faço lição, assim... caderno de texto, caderno de quadradinho.* [...] *Tem vez que a professora manda pegar o caderno de matemática pra fazer lição, pra fazer a data, um monte de coisa... aí, no caderno de desenho, quando nós tem, nós faz alguma lição.* [...] *É muito bom aqui!* (Ent. - EF)

A despeito de sua história de insucesso na alfabetização, Inês considera a escola um lugar de estudo e trabalho. Em sua entrevista no EF, demonstra compromisso bem estabelecido com uma imagem de "aluno aplicado". Inês cita vários tipos de caderno ("de texto", "de quadradinho", "de matemática", "de desenho"), indicando cuidadosamente a complexidade que percebe existir no contexto escolar, apesar de não dominá-la na prática cotidiana. De fato, houve ocasiões na sala de aula

em que percebi sua confusão ao tentar manipular os diferentes cadernos a que a professora se referia, não conseguindo, na maioria das vezes, acertar o momento correto de usar cada um deles. Nessas ocasiões, assim como quando demora para fazer alguma lição ou comete erros ao fazê-la, Inês enfrenta a "cobrança" da professora sem demonstrar desânimo, tentando sempre acertar.

Em ambas as escolas, o que fica evidente no caso de Inês é a tentativa de se encaixar no modelo de aluno aceito pela escola e o valor positivo que ela atribui à instituição. É interessante ver como esse posicionamento, assumido na entrevista individual no EF, não se manteve alguns dias depois, na entrevista em grupo. Ao falar com o colega Adriano sobre o que não gostava na escola, Inês usou um tom diferente do anterior:

> Inês - *É ruim de fazer lição...Tem que fazer muita lição, tem que copiar da lousa, um monte de coisa, não é, Adriano?* (GF - EI)

Não considero a contradição entre seu discurso anterior e este proferido junto ao colega como falta de sinceridade em um ou em outro momento. Concordando com Bakhtin (1986), admito a possibilidade de coexistirem posições diferentes (e até mesmo opostas) num mesmo indivíduo, caracterizando-se assim a polifonia que constitui a fala do sujeito. Se o discurso adulto, mais trabalhado em seu acabamento racional, consegue muitas vezes esconder bem esse aspecto, no discurso da criança a presença de muitas falas (por vezes até contraditórias) é comum e não costuma trazer desconforto ao sujeito. Na entrevista individual, Inês dialogava tendo como base seu lugar de aluna, provavelmente mais ligada ao que se esforça para ser, à sua imagem de comportamento ideal, em função das expectativas que os adultos têm dela. Junto aos colegas, fluiu mais espontaneamente a expressão de sentimentos negativos ou de queixas, que parecem fazer mais sentido quando apoiadas pelos colegas ("não é, Adriano?").

Ao lado dos casos em que há explicitamente uma oposição entre a avaliação da professora e a visão do aluno, as situações de consonância parecem mais fáceis de ser compreendidas. Esses são os casos de crianças que, saindo-se bem na alfabetização aos olhos das professoras, apresentam também uma relação positiva com a língua escrita. Vejamos como Giulia, que, já na EI, era tida como uma das crianças mais avançadas no processo de alfabetização, fala das atividades de ler e escrever na escola:

> Giulia - *A gente pega um livrinho e de vez em quando ela* (professora) *chama assim: "Vem aqui e lê" e a gente tem que ler. Se a gente não consegue, ela vai lá e lê pra gente, e mostra as figuras. Tem que escrever de letra de mão, de vez em quando, assim... Eu falo assim: "Fessora, eu não fiz com letra de mão". Ela fala assim: "Giulia, Giulia!". Aí eu vou lá e apago, e faço. Aí ela vai lá, dá o certo, "Lindo o seu desenho". De vez em quando, ela escreve "Bom", "Lindo".* (Ent. - EF)

O relato de Giulia caracteriza-se como o reconhecimento de sua sintonia com o *script* escolar. Ela se refere com tranquilidade a situações nas quais não sabe ainda fazer algo, lidando de maneira segura com sua dificuldade (a letra cursiva), que certamente está muito além do que é considerado necessário para o nível escolar em que se encontra. De fato, Giulia encontra-se "quase alfabetizada", numa classe onde a maioria das crianças ainda está iniciando esse processo.

No EF, mantendo sua posição entre as crianças que se destacam por um ótimo desempenho, Giulia refere-se assim às atividades que desenvolve na sala de aula:

> Giulia - *A gente tá fazendo um livrinho pra mãe. Tem umas frases, a gente desenha o que combina. A gente faz no caderno de texto, escreve, desenha...* [...] *Do livro a gente lê bastante. Dessa tarefa aí que eu falei do dia das mães, a gente lê, acompanha a professora...* [...] *Faz lição, escreve... a gente escreve e desenha.* (Ent. - EF)

O domínio que demonstra ter das atividades rotineiras da escola transparece na maneira como Giulia consegue elencar rapidamente uma grande variedade de atividades, fazendo um relato bem completo de seu cotidiano escolar. A relação positiva com as atividades de ler e escrever fica evidente pela forma objetiva de ela descrever as diversas atividades que realiza, sem qualquer queixa.

O depoimento de Ênio pode ser interessante para ilustrar um mecanismo bastante comum entre as crianças que são consideradas boas alunas. Apesar de possuir uma autoimagem de "bom aluno" e referir-se de forma positiva às atividades escolares rotineiras, realizadas sem dificuldade, ele percebe outros aspectos na rotina de atividades relacionadas à leitura e à escrita:

> Ênio - *A gente escreve bastante! Copia da lousa o que a professora põe.*
> P- E pra que é que vocês copiam?
> Ênio - *Pra fazer tudo e acabar logo. Só. [...] Pra gente mostrar pra professora que fez tudo... senão não pode ir embora.* (Ent. - EF)

Ênio costuma fazer as atividades de escrita com aplicação, demonstrando-se atento e persistente. Apesar disso, fica claro que sua motivação não está relacionada à produção da escrita em si, mas à conquista de algo externo: a aprovação da professora para não ter que ficar na classe por mais tempo copiando até acabar, como acontece com diversos colegas seus.

Podemos considerar, a partir dos dois últimos exemplos, que as crianças "bem sucedidas em seu processo de alfabetização" parecem ter melhor condição para realizar atividades consideradas "chatas". A escrita de palavras soltas, descontextualizadas, o treino da letra cursiva, assim como a cópia (atividade que costuma ser a mais criticada entre os alunos no EF), acabam sendo feitas sem maiores problemas, sem suscitar reclamações. Talvez essas crianças, por já estarem mais avançadas em seu processo de apropriação da língua escrita, possam fazer

essas tarefas mais mecanicamente, com menor dificuldade na execução de suas lições.

No caso da cópia, vale lembrar as diferentes estratégias usadas conforme o grau de competência dos alunos. Enquanto os menos experientes fazem transposição letra por letra ou sílaba por sílaba, em um lento e penoso processo de trabalho, as crianças já alfabetizadas procedem por meio da leitura de blocos significativos do texto, que regem sua reescrita. Não se trata, portanto, de criticar o uso da cópia de maneira indiscriminada, mas de procurar compreender que tipo de atividade está de fato sendo realizada, qual a natureza da operação cognitiva em jogo para a criança, que tipo de disposição ela apresenta para cumprir a tarefa. Afinal, como afirma Colello (2007, p. 129),

> O problema não está na cópia, [...] mas na precária consciência dos critérios que sustentam as práticas escolares. Tomados pela superficialidade dos "modismos pedagógicos", muitos professores tendem a centrar a sua atenção nas atividades em si, aceitando-as ou rejeitando-as em bloco, sem perceber os princípios que as subsidiam nem as possibilidades de uso que condicionam a legitimidade e a coerência do fazer pedagógico.

Entre as crianças que apresentam desempenho razoável no processo de aprendizagem no EF, algumas não se posicionaram claramente quanto às atividades de leitura e escrita desenvolvidas na escola. Vejamos como Leonardo descreve suas atividades de leitura e escrita na EI:

> Leonardo - *A gente faz coisa que a tia fala que é do caderno médio, que é da escola, aí a tia fala que começa com "C"; aí, a tia cola, os bicho que começa com a letra "C", aí, a gente tem que escrever...* (Ent. - EI)

Apesar de ainda não conseguir fazer esse tipo de exercício sozinho, conforme observei em sala de aula, Leonardo enfrenta com disposição a atividade proposta, parecendo realizá-la como parte de um ritual. Ele

consegue descrever a atividade, mesmo sem ter ainda descoberto exatamente seu significado e a forma de realizá-la. Trata-se de um tipo de depoimento muito comum entre as crianças, fazendo referência a exercícios descontextualizados.

No EF Leonardo continua sendo considerado um aluno "mediano", mostrando-se esforçado para acompanhar as atividades das aulas. Vejamos como ele respondeu à questão sobre o que faz na escola quanto a ler e escrever:

> Leonardo - *Eu estudo... A tia fala pra copiar da lousa. Aí, a gente copia. Quem fazer errado, vai e... fica sem o recreio. Se eu não copiar tudo, não vou. Fico! Eu fiquei duas vez. Não pode ir pro recreio se não terminar...*
> P - E você gosta das lições?
> Leonardo - *Às vezes é difícil, eu não sei.* [...] *As difícil são de escrever, porque eu não sei escrever. Eu só sei ler e fazer conta de matemática...*
> P - O que você lê?
> Leonardo - *É que tem as coisa na lousa...*
> P - E escrever?
> Leonardo - *Eu já sei que tô lendo, mas eu não sei escrever a palavra... Eu tento.* [...] *Às vezes tá certo; a tia faz umas palavra, eu vou apagar e corrigir. Apagar e fazer a que ela escreveu... no caderno.* (Ent. - EF)

O convívio com atividades de leitura e escrita que ele não sabe bem para que servem persiste no EF. Embora Leonardo considere a lição difícil, ele parece se submeter ao que é proposto pela professora, fazendo passivamente as lições e os exercícios. De modo contrário, no entanto, Leonardo mostra-se muito mais ativo e vibrante ao participar, animado, de conversas e disputas com seus colegas, em situações de jogos e brincadeiras, seja na classe, seja no recreio. Os diferentes comportamentos sugerem que a conformação e o comedimento que ele apresenta com relação às atividades de ler e escrever podem significar um represamento de sua espontaneidade.

Nos diversos casos estudados, no que se refere às diferentes maneiras de as crianças se relacionarem com a língua escrita na escola, evidencia-se a distância existente entre o ponto de vista da escola tradicional (mais preocupada em medir a "eficiência" da alfabetização como domínio de um código) e o caminho de fato percorrido pelas crianças em seu processo de descoberta da língua escrita como poderosa ferramenta de comunicação e expressão.

Lição de casa

Iniciada como estratégia pedagógica na 1ª série (atual 1º ano), a "lição de casa" surgiu nos depoimentos das crianças entrevistadas como uma importante novidade.

Conforme estudos sobre esse tema (Carvalho e Serpa, 2006; Paula, 2000), embora seja uma novidade para as crianças, a atribuição rotineira de atividades a serem realizadas em casa parece aos professores algo "natural". A justificativa para a lição de casa é muitas vezes implícita, sendo rara uma discussão mais aberta e aprofundada sobre esse tema (Paula, 2000). Com enfoque tradicionalmente direcionado para a revisão, fixação e reforço da aprendizagem realizada em classe, algumas das finalidades da lição de casa são:

> [...] estender o tempo de aprendizagem, completar a matéria que a professora deve cobrir, conectar o trabalho de classe precedente e subsequente, estimular hábitos de estudo independente, aplicar os conhecimentos acadêmicos à vida cotidiana, enriquecer o currículo, ampliando as experiências de aprendizagem, e conectar escola e família. (Carvalho e Serpa, 2006 p. 32)

De acordo com as concepções sobre o relacionamento da escola com a família, há expectativas diversificadas quanto ao envolvimento familiar ou desempenho independente do aluno na realização da lição de casa (Nogueira, 2002). Numa visão conservadora, é ideal que haja disponibilidade familiar para apoiar e mesmo auxiliar o aluno em sua lição de casa. Isso pressupõe algumas condições que apontam para um

perfil específico de família, na qual há alguém com tempo livre, conhecimento e disposição especial para educar, que poderá cumprir, com a criança, o seu "dever de casa" (Carvalho, 2004). Outros, como Perrenoud (1995), criticam concepções e práticas tradicionais de lições de casa, considerando a possibilidade de repercussões negativas no clima das famílias, que podem ver-se pressionadas pelas solicitações escolares quando não têm condições de corresponder a elas. Numa proposta mais progressista, a tarefa de casa pode ser diversificada e engajada a projetos mais amplos desenvolvidos em sala de aula, não se configurando apenas como exercícios acadêmicos autorreferentes (Carvalho, 2004). Criticando os deveres de casa na sua forma mais tradicional, Perrenoud (1995) defende a existência de um tempo de trabalho em casa, no qual o aluno possa estabelecer outra relação com as tarefas escolares.

As lições de casa, nas classes pesquisadas, podem ser caracterizadas prioritariamente como do tipo tradicional, em geral envolvendo a escrita de palavras isoladas: pesquisa de palavras começadas com uma determinada letra ou sílaba, formação de palavras utilizando sílabas dadas etc. A orientação dada pelas professoras às crianças costumava ressaltar como adequado e necessário o auxílio de alguém em casa.

Uma análise geral das referências favoráveis e desfavoráveis feitas pelas crianças pesquisadas com relação à lição de casa pode ser visualizada no Tabela 2:

Tabela 2 - Referências favoráveis e as desfavoráveis

Opinião das crianças sobre a lição de casa (no EF)	
Positiva	8
Negativa	5
Indefinida (não se posiciona)	7
TOTAL	20

As oito crianças que associaram a lição de casa a aspectos mais positivos têm em comum o fato de haver alguém (em casa ou em outro

local) para auxiliar na realização da tarefa. O caso de Kátia ilustra condições familiares favoráveis ao atendimento da expectativa da escola no que se refere à lição de casa:

> Kátia - *A minha mãe me ajuda... ou, às vezes, meu pai. Meu irmão fica em cima, não deixa minha mãe me ajudar. Minha mãe tem que brigar com ele, porque ele fica em cima do que nós tamo fazendo.* [...] *É... porque ele vê que eu tô tendo atenção e ele não tá tendo...* (Ent. - EF)

A família de Kátia cria espaço para atender às suas necessidades escolares, apesar dos cuidados que um filho menor (ainda bebê) exige, demonstrando, dessa forma, atribuir um grande valor à lição de casa. Kátia encontra-se em fase inicial de apropriação do sistema de representação gráfica e costuma demandar frequentemente, em classe, o auxílio da professora para esclarecer suas dúvidas. A possibilidade de ter o acompanhamento de seus pais em atividades de leitura e de escrita em casa, portanto, é importante para a menina não só pelo aspecto afetivo e motivacional, mas também como rica oportunidade para que ela avance cognitivamente em suas hipóteses sobre as regras que regem a escrita. Kátia manifesta-se em tom de satisfação, evidenciando a importância que atribui a seu (ainda novo) *status* de estudante da 1ª série. Desse modo, a lição de casa pode figurar como um símbolo dessa nova fase, de mais maturidade e de "trabalho sério", marcando também para ela certa "superioridade" em relação ao irmãozinho. Há indicações, portanto, do estabelecimento de uma relação bastante positiva de Kátia com a lição de casa.

As crianças que apresentaram queixa específica relacionada à lição de casa são exemplificadas por Adriano, um caso extremo, que identifica a tarefa como a pior coisa na escola de EF. Assim ele fala sobre o que acha da lição de casa:

> Adriano - *Difícil.*
>
> P - E com quem você faz a lição em casa?

Adriano - *Faço com minha irmã.*

P - E ela sabe fazer lição?

Adriano - *Ela não estuda...*

P - E como você faz a lição?

Adriano - *Com ela.*

P - E o que ela fica fazendo?

Adriano - *Na rua.*

P - O que ela faz?

Adriano - *Não sei. Fica na rua.* (Ent. - EF)

O difícil diálogo com Adriano não se desenvolve muito, assemelhando-se mais a um interrogatório – diferente do clima que procurei imprimir a todas as entrevistas. Fica evidente a dificuldade das condições domésticas para dar conta da tarefa escolar. Esse tipo de circunstância torna compreensíveis as razões pelas quais Adriano raramente faz alguma tarefa escolar; e mesmo quando a lição é feita, é considerada pela professora como "incompleta ou errada". Ao ser confrontado com a avaliação negativa de sua omissão no cumprimento da tarefa ou com a má qualidade de sua produção, Adriano costuma baixar a cabeça e permanecer calado, não chegando a expor as condições que enfrenta em casa. A responsabilidade da falta de cumprimento do dever escolar recai assim sobre a própria criança, o que pode ser entendido num contexto mais amplo, pois

> [...] de certo modo, podemos dizer que os casos de "fracassos" escolares são casos de solidão dos alunos no universo escolar: muito pouco daquilo que interiorizaram através da estrutura de coexistência familiar lhes possibilita enfrentar as regras do jogo escolar (os tipos de orientação cognitiva, os tipos de práticas de linguagem, os tipos de comportamentos próprios à escola), as formas escolares de relações sociais. Realmente, eles não possuem as disposições, os procedimentos cognitivos e comportamentos que lhes possibilitem responder adequadamente às exigências e injunções escolares, e estão, portanto, sozinhos e como que alheios diante das exigências escolares. Quando voltam para casa, trazem um

problema (escolar) que a constelação das pessoas que os cerca não pode ajudá-los a resolver: carregam, sozinhos, problemas insolúveis. (Lahire, 1997, p. 19)

Nas classes de 1ª série, as lições de casa eram consideradas pelas professoras uma "forma de comunicação" com a família, além de serem vistas como uma maneira de incentivar a participação familiar no processo de aprendizagem das crianças. Fica assim evidenciada a expectativa escolar de que a família possa auxiliar a criança nas tarefas de casa. Em contrapartida, eram geralmente consideradas "menos adequadas" famílias que "não se envolvem" com as tarefas escolares (identificadas no caso de crianças que trazem tarefas "sempre mal feitas" ou "quase sem fazer"). Do ponto de vista da família, há outras interpretações possíveis, pois "o dever de casa pode ser visto como uma necessidade legítima e uma prática desejável, ou como um fardo e uma imposição, dependendo de condições materiais e simbólicas variáveis" (Carvalho, 2004, p. 95).

Na perspectiva da escola, considerar que é papel da família auxiliar no dever de casa cria as condições para "culpar" essas famílias quando isso não ocorre. Trata-se de um mecanismo que relativiza muito, e até minimiza, o próprio papel da escola como instituição, quanto à sua responsabilidade de ensinar as crianças. Esse tipo de situação coloca-se especialmente para os alunos de famílias muito pobres, que têm menos opções para atender a expectativa que nelas se depositam de dar apoio à aprendizagem da criança (Carvalho, 2004; Nogueira, 2002).

Entre os estudantes que não se posicionaram de forma definida, Júlio pode exemplificar como as atividades de ler e escrever acontecem no âmbito familiar:

Júlio – *Eu almoço, depois eu saio. Aí, depois eu entro em casa; depois eu como, depois eu descanso. Deixo a comida descer, depois faço a lição.*

P - E como é a lição de casa?

Júlio - *A gente procura as palavra, recorta tudo, aí é só colar no caderno. Às vezes é meio chato. Quando não acha muitas palavra, fica demorando...*

P - Você faz sozinho a lição, ou junto com alguém?

Júlio - *Com minha mãe... e minha irmã me ajuda... e meu irmão... Meu irmão vai fazer 20. E a minha irmã vai fazer 18.* [...] *Meu irmão já tá trabalhando e a minha irmã já tem escola e trabalha.* (Ent. - EF)

Júlio parece aceitar a lição de casa como algo "normal". Ele comenta ter em casa vários interlocutores que podem auxiliá-lo nas atividades de ler e escrever. Mesmo assim, mostra-se desmotivado para realizar a tarefa escolar. Considerando suas condições em casa, a lição poderia ser algo mais instigante e motivador e, portanto, mais favorável ao seu processo de aprendizagem. No entanto, ao adotar um modelo tradicional de tarefas "mecânicas" e repetitivas, a escola deixa de oportunizar a utilização da língua escrita como expressão de um discurso mais "vivo", espontâneo e criativo.

Se por um lado é injusta a "punição" daqueles que não têm interlocutores disponíveis em casa para auxiliar na realização de tarefas envolvendo leitura e escrita (como no caso de Adriano), por outro parece inadequado também que se despreze a oportunidade de rica interação que pode ocorrer em alguns ambientes familiares. Lidar com esse tipo de diversidade requer um olhar atento do professor para a condição singular dos alunos.

Considerações finais

Para a maioria das crianças pesquisadas, a interação com a língua escrita não se configurou como fonte de interesse direto, prevalecendo motivações extrínsecas à realização das atividades de ler e escrever, principalmente na escola de EF. Realizadas a contragosto, a leitura e a escrita frequentemente significam para as crianças a mera obrigação

de obedecer a uma regra escolar sem sentido. Há casos de crianças com "boa aprendizagem" que cumprem bem as atividades exigidas, mas com o objetivo de se ver "livres" para o que mais importa para elas: o brincar. Ou seja, parece que, ao ensinar a ler e escrever, a escola consegue criar uma forte dicotomia entre a língua escrita e a forma dialógica pela qual ela existe no mundo.

É interessante notar que a natureza essencialmente comunicativa da linguagem nos leva a esperar exatamente o oposto: eventos de letramento associados a formas criativas e prazerosas de interação. Nota-se, assim, um desvio: a ausência de dialogia nas atividades de leitura e escrita tipicamente escolares. Isso tira da maioria das atividades de uso da língua escrita na escola a sua essência comunicativa, de abertura ao novo, das possibilidades criativas mais ricas. Trata-se, efetivamente, da supremacia da "escrita represada" sobre a "escrita libertadora".

Chama atenção a maneira contraditória como a maioria das crianças falou de modo positivo sobre as atividades escolares, apesar da falta de sinais de um vínculo direto com a língua escrita como objeto de conhecimento na escola. Esse paradoxo pode ser mais bem compreendido ao se considerar que as crianças valorizam muito o ingresso no EF. De fato, nesse rito de passagem, o acesso à "escola dos maiores" representa uma conquista de outros espaços, novas responsabilidades e conhecimentos socialmente reconhecidos.

A atribuição e o reconhecimento do valor da escola parecem ser a base da forte tolerância apresentada pelas crianças ao lidar com as novas dificuldades ou imposições. Apesar da existência de queixas relativas a atividades em classe e lições de casa no EF, isso não se cristalizou ainda como um "conceito negativo" sobre o funcionamento escolar. A criança mostra nesse momento uma vontade intensa de fazer dar certo sua experiência como aluno. Enfim, o ingresso no EF parece reunir condições especialmente favoráveis para que a criança desenvolva vínculos positivos com a escola, o que nem sempre tem sido bem aproveitado pelos educadores. Infelizmente.

Referências bibliográficas

BAKHTIN, M. *Marxismo e filosofia da linguagem*. São Paulo: Hucitec, 1986.

CARVALHO, M. E. "Escola como extensão da família ou família como extensão da escola? O dever de casa e as relações família-escola". *Revista brasileira de educação*, Rio de Janeiro, n. 25, jan. 2004.

CARVALHO, M. E. P.; SERPA, M. H. B. "Dever de casa: visões de mães e professoras". *Revista olhar de professor*, Ponta Grossa, v. 9, n. 1, p. 1-46, 2006.

COLELLO, S. M. G. "Educação e intervenção escolar". *Revista Internacional d'Humanitats*, Barcelona / São Paulo, Mandruvá, p. 47-56, 2001.

______. *A escola que (não) ensina a escrever*. Rio de Janeiro: Paz e Terra, 2007.

CORSARO, W. A. "Entrada no campo, aceitação e natureza da participação nos estudos etnográficos com crianças pequenas". Dossiê Sociologia da infância: pesquisa com crianças. *Educação e sociedade*, Campinas, Cedes, v. 26, n. 91, maio / ago., p. 443-64, 2005.

CUBERO, R.; MORENO, M. C. "Relações sociais nos anos escolares: família, escola, companheiros". In: COLL, C.; PALÁCIOS, J.; ÁLVARO, M. *Desenvolvimento psicológico e educação*. v. 1. Porto Alegre: Artes Médicas, p. 250-60, 1995.

DEMARTINI, Z. B. "Infância, pesquisa e relatos orais". In: FARIA, A. L.; DEMARTINI, Z. B.; PRADO, P. D. *Por uma cultura da infância: metodologias de pesquisa com crianças*. Campinas: Autores Associados, 2001.

FERREIRO, E. *Com todas as letras*. São Paulo: Cortez, 1993.

GÓES, M. C. "A abordagem microgenética na matriz histórico-cultural". Cadernos *Cedes*, Campinas, Unicamp, v. 20, n. 50, p. 9-25, abr. 2000.

HIDALGO, V.; PALÁCIOS, J. "Desenvolvimento da personalidade dos 6 aos 12 anos". In: COLL, C.; PALÁCIOS, J.; MARCHESI, A. *Desenvolvimento psicológico e educação*. Porto Alegre: Artes Médicas, p. 243-9, 1995, v. 1.

IDEB. Índice de Desenvolvimento da Educação Básica. Disponível em: <http://ideb.inep.gov.br/Site/>. Acesso em: 12 abr. 2010.

INAF BRASIL – 2009. Indicador de Alfabetismo Funcional. Instituto Montenegro / Ação Educativa. Disponível em: <http://www.ipm.org.br/download/inaf_brasil2009_relatorio_divulgacao_final.pdf>. Acesso em 12 abr. 2010.

KRAMER, S. "A infância e a singularidade". In: BRASIL. *Orientações gerais sobre o ensino fundamental de 9 anos*. Brasília: MEC, 2005.

LAHIRE, B. *Sucesso escolar em meios populares: as razões do improvável*. São Paulo: Ática, 1997.

NOGUEIRA, M. G. *Tarefa de casa: uma violência consentida?* São Paulo: Loyola, 2002.

PATTO, M. H. S. *Introdução à psicologia escolar*. São Paulo: Queiroz, 1991.

PAULA, F. A. *Lições, deveres, tarefas, para casa: velhas e novas prescrições para professoras*. 2000. Dissertação (Mestrado em Educação) – Faculdade de Educação, Universidade de Campinas (Unicamp), Campinas (SP).

Perrenoud, P. *Ofício de aluno e sentido do trabalho escolar*. Porto: Porto Editora, 1995.

Ribeiro, V. M. M. (org.). *Letramento no Brasil*. São Paulo: Global/Ação Educativa/Instituto Paulo Montenegro, 2003.

Rocha, G.; Val; M. G. C. (orgs.). *Reflexões sobre práticas escolares de produção de texto: o sujeito-autor*. Belo Horizonte: Autêntica/Ceale/Fae/UFMG, 2003.

Soares, M. B. *Linguagem e escola*. São Paulo: Ática, 1991.

Teixeira, T. C. F. *Da educação infantil ao ensino fundamental: com a palavra, a criança*. 2008. Dissertação (Mestrado em Psicologia da Educação) – Faculdade de Educação, Universidade de São Paulo (Feusp), São Paulo (SP).

Vygotsky, L. *A formação social da mente*. São Paulo: Martins Fontes, 1994.

Weisz, T.; Sanches, A. *O diálogo entre o ensino e a aprendizagem*. São Paulo: Ática, 2003.

Zorzi, J. *Aprendizagem e distúrbios da linguagem escrita*. Porto Alegre: Artmed, 2003.

5 De analfabeto a alfabetizado: a identidade de jovens e adultos em transformação

MARIA DE LURDES VALINO

Pra quem sabe ler a vida é mais fácil.
Aluna de EJA, 52 anos

Introdução

A Educação de Jovens e Adultos (EJA) vem assumindo, nos últimos tempos, uma relevância social que contrasta com a longa história de descaso nacional. Embora as iniciativas para a alfabetização de adultos visem prioritariamente ao *status* político do país ou ao desenvolvimento econômico da sociedade, é certo que os milhões de brasileiros pouco ou nada escolarizados podem encontrar, nesse processo, possibilidade de usufruir seu direito à educação.

A educação escolar é fortemente valorizada em nossa sociedade por ser compreendida como promotora de desenvolvimento cognitivo, de aprendizagens, de habilidades ou de conhecimentos específicos.

Palácios (1995) afirma que os processos de desenvolvimento humano estão relacionados a três grandes fatores: etapa da vida; circunstâncias culturais, históricas e sociais de existência e experiências individuais de cada pessoa. No contexto brasileiro, são inúmeros os fatores históricos, culturais, sociais e políticos que trazem para o cenário educacional um número elevado de alunos jovens e adultos analfabetos ou com pouca escolarização.

Considerando o direito à educação, é extremamente positivo que esses brasileiros possam resgatar oportunidades rompidas na infância e, de fato, usufruir desse direito. Para que isso seja possível, cumpre

reconhecer a responsabilidade em diversos níveis de competência política e pedagógica: desde esclarecer e incentivar a população para a matrícula e frequência em curso de EJA até garantir a oferta de cursos e adaptar as escolas para as muitas necessidades desses alunos. Nesse sentido, é importante mencionar a adequação do currículo e a formação inicial e continuada dos educadores que se ocupam desse segmento.

O objetivo deste texto é contribuir para a formação do educador de EJA, apontando algumas especificidades dessa categoria de alunos. Mais do que nunca elas devem ser conhecidas e levadas em consideração no ato educativo, pois, conforme Colello (2007, p. 50), todo ato educativo é complexo, "[...] não aprendemos só porque fomos ensinados, mas também pelo que somos (pensamos, valorizamos, concebemos, buscamos etc.)".

A partir de uma pesquisa realizada com alunos de EJA, ao longo de um ano letivo (Valino, 2006), procurou-se identificar os desejos e necessidades que os motivavam a frequentar o curso e as implicações que o aumento da escolarização e o maior acesso ao mundo letrado trariam para a identidade de cada um.

A decisão de começar ou voltar a estudar na idade adulta traz enormes desafios para esses alunos. Torres (1995) discute o assunto e ressalta que os motivos que os conduzem à escola pautam-se em questões básicas e universais, entre as quais: aprender a escrever o próprio nome, saber mais, ser alguém na vida, não passar vergonha, superar-se, não se deixar enganar, expressar-se melhor, comportar-se adequadamente, continuar aprendendo, ajudar os filhos nas tarefas escolares, tirar documentos, acabar com a timidez e a desconfiança, fazer amigos, distrair-se e até esquecer os problemas.

Levantou-se como hipótese de pesquisa que jovens e adultos com pouca ou nenhuma escolarização desejam resgatar a sua dignidade, obliterada pela situação de analfabetismo. O objetivo é se "desidentificarem" do estigma de analfabetos e construírem uma outra identidade: a de usuários da língua escrita. A esperança de tal conquista es-

taria depositada no estudo, ou na ação da escola. Nesse sentido, o curso de EJA pode se revelar um meio favorável para a construção da nova identidade.

Essa possibilidade suscitou alguns questionamentos iniciais: Qual a identidade que os alunos trazem ao ingressar no curso de EJA? Como o processo de aprendizagem pode contribuir para o resgate da dignidade? Que indícios de transformação da identidade os alunos apresentariam durante o processo de escolarização e ao passarem a ter maior acesso ao mundo letrado? Que fatores podem contribuir para a conquista desses objetivos? Que fatores podem prejudicar a busca de suas metas?

Ser ou estar analfabeto?

A pesquisa acompanhou quinze pessoas (onze mulheres e quatro homens), entre 16 e 58 anos de idade, alunos de uma classe de alfabetização de um curso noturno de uma escola da rede particular, no município de São Paulo, as quais foram entrevistadas em três diferentes momentos do ano letivo (no início, no final do primeiro semestre e no final do segundo semestre). Nessas entrevistas, buscou-se compreender como, historicamente, essas pessoas se constituíram analfabetas e como lidaram internamente com a autoimagem e a imagem social; o que significa para elas a sua condição de analfabetismo; como se traduzem seus desejos e necessidades de ler e escrever; quais são suas expectativas de aprendizagem; que fatores percebem como facilitadores ou dificultadores dessa empreitada; que expectativas têm quanto ao curso de Educação de Jovens e Adultos; como concebem a possibilidade de frequentar uma escola para ter acesso ao mundo letrado; quais são as perspectivas de mudança e suas possíveis resistências ao processo.

A partir de uma marcante percepção de "falta", evidente nos depoimentos, trabalhou-se com dois conceitos: o de "estigma", que envolve o analfabeto, e o de "identidade", como um processo em contínua mudança e a possibilidade de crescente transformação qualitativa.

Verificando os significados atribuídos à condição de analfabetismo, as identificações que são assumidas pelos alunos e a ação do estigma ao iniciarem o curso de EJA, percebeu-se que todos os entrevistados atribuíram qualificação negativa à sua condição, avaliando-a como "ruim", "dificil", "terrível", "trágica", "horrível", "triste", entre outros adjetivos. Não saber ler e escrever foi apontado como fato gerador de dependência, humilhação e insegurança.

Tal condição fortalece a autoimagem de ignorância e, por isso, referem-se a si mesmos como quem "não sabe nada", é "cheio de limites", "não cresce", "não evolui", é "desinteressado", é "cego". De acordo com Maranhão (2001), esses qualificativos sustentam a autoimagem dos analfabetos assumindo-se em uma posição limitada na estrutura social, com possibilidade muito pequena de melhorar sua condição de vida. Eles se percebem estigmatizados. Cícera, de 19 anos, uma das alunas entrevistadas, refere-se ao estigma, explicando a condição de "cego":

> [...] se você não sabe ler e escrever, é a mesma coisa de um cego, às vezes. Só não é porque a gente tem boca pra perguntar, mas é quase a mesma coisa de um cego[1].

A partir da internalização de atributos negativos relacionados à imagem do analfabeto, a estereotipia passa a ser incorporada pelo próprio sujeito como dimensão negativa da sua autoimagem. Diante desse quadro, que reações apresentam?

Alguns alunos aceitam passivamente a condição de serem analfabetos, outros se esforçam para ignorá-la e há, ainda, aqueles que reagem, buscando em si mesmos elementos que neutralizem o estereótipo de analfabeto. Assim, surgem argumentos positivos para compensar o modelo discriminado: "ser bem-informado", "realizar coisas", "ser independente e se virar bem", "saber conversar" e "saber tudo". São ini-

---

1 A transcrição dos depoimentos procurou preservar fielmente a fala dos entrevistados.

ciativas que se revelam mecanismos de reação ao sentimento de desvalorização pelo estado de analfabetismo. Daniela, de 46 anos, é exemplo de busca de modelo positivo que "sabe tudo":

> Eu escrevo meu nome, eu sei assim, tomar algum ônibus. [...] Eu não sei da onde vem. Porque eu saio, não me perco nada. Eu faço compra, tudo. Tudo eu resolvo, não tenho pobrema nenhum. [...] Sei de tudo. [...] [Não saber ler é] muito ruim, é ruim demais. [...] Eu ainda sei um pouco porque eu assisto muita televisão, jornal, essas coisas, participo de tudo.

Para superar a condição de analfabetismo, percebe-se nesse e em outros depoimentos o mecanismo de compensação: o não saber ler e escrever é neutralizado pelo esforço de realização e pela busca de alternativas para evitar que essas pessoas sejam reconhecidas como analfabetas. Nesse sentido, mostram atitudes de aprender coisas práticas do dia a dia, como nome ou número do ônibus, fazer feira, supermercado, compras, num grande esforço para sempre se saírem bem nas diversas atividades diárias. Essas atitudes demonstram que o analfabeto aprende aquilo de que precisa na sua vida, inclusive a reconhecer informações que lhe são necessárias (Tfouni, 1994).

Para alguns alunos não basta "saber se virar", é preciso provar que sabem. Por isso procuram ter cartões de várias lojas, atribuindo-se a imagem de pessoa inteligente e que sabe tudo, como nos apresenta Daniela.

> [...] tenho cartão de banco, de loja, tudo eu sei fazer. [...] Tudo. Renner, Carrefour, Barateiro, Sé, tudo eu tenho cartão.

Os cartões funcionam, nesse caso, como prova socialmente legítima de sua realização, de sua capacidade.

Mostrar-se "inteligente" é uma busca de reconhecimento social; "saber tudo" e ser reconhecido por seus saberes são aspectos significativos para os adultos em fase de alfabetização.

De um modo geral, a multiplicidade de modelos de identidade presente nos alunos pode ser compreendida pela teoria de Erikson (1976). Ele relata que padrões antagônicos, positivos e negativos, podem existir na vida psicológica da pessoa, e que a imagem do passado exerce grande influência nas buscas do presente, podendo constituir-se sob a forma de resistências específicas que tendem a prevalecer.

Nesse sentido, a necessidade de se afirmar como "sabedores de tudo", "bem informados", "que realizam coisas", "independentes", "que se viram bem", "que sabem se explicar e conversar" não seria uma forma de reação ao modelo de identidade negativo, antigo e bem estabelecido de analfabeto?

Há alunos que procuram se justificar e se colocam numa posição defensiva diante da discriminação social, como nos mostra Ivan, de 17 anos:

> Eles fala assim: "Você é um analfabeto, você não sabe ler porque você não entrou na escola antes". Mas aí eu falei: "Não, mas não tinha como eu entrar na escola porque não tinha lá onde eu moro".

A ideia subentendida é: "a culpa não é minha". A despeito desse mecanismo de defesa, tanto a sociedade como os próprios analfabetos tendem a atribuir a responsabilidade pelo analfabetismo à pessoa analfabeta e, consequentemente, a necessidade de se esquivar torna-se preponderante (Maranhão, 2001).

É justamente por se sentirem atingidos pelo preconceito que os sujeitos analfabetos procuram escapar das condições "socialmente esperadas" para aquele que não sabe ler ou escrever: a incompetência para o trabalho, a ignorância, a dependência, a inabilidade social e a "cegueira". Nesse sentido, seus esforços são traduzidos por mecanismos de reação, justificativas, deslocamento ou transferência da culpa, esforços de compensação e alternativas de conduta capazes de superar a sua dificuldade no contexto do mundo letrado. Na explicação de Goffman (1980), a tendência da pessoa é empreender um grande esfor-

ço individual para dominar atividades que o estado de analfabetismo não lhe permitiu realizar.

Pesquisando a autoimagem, percebeu-se que os alunos incorporam o estigma de analfabeto; porém, a expressão dessa identificação ocorre de diferentes formas. As alunas Ana e Samanta exemplificam as formas de autorreferência:

> [...] eu acho que eu sou uma alfabética, que não sabe lê nem escrevê. (Ana, 23 anos)

> Eu não sou assim uma nalfabeta que não conheço de nada, eu conheço muito bem das coisas. (Samanta, 52 anos)

Diferentemente desses casos, alguns alunos nunca atribuem a si o "título" de analfabetos, apenas se reconhecem com poucos conhecimentos sobre leitura e escrita, falam sobre a falta desses conhecimentos em sua vida sem, porém, mencionar o termo. Percebe-se, assim como sugerido por Maranhão (2001), que, para eles, é menos constrangedor assumir-se "não sabendo ler e escrever muito bem" do que se reconhecer "analfabetos". Em outras palavras, ter poucos conhecimentos significa dizer "tenho alguns conhecimentos e, portanto, não sou analfabeto", afastando-se, dessa forma, do estigma inerente ao termo, isto é, da condição social de menos valia.

Uma vez visto como se constitui a autoimagem dos alunos que ingressam em curso de EJA, procurou-se investigar, após um semestre de frequência na escola, se a autoimagem teria sofrido modificações advindas da vida estudantil e dos novos conhecimentos adquiridos. A maioria dos alunos respondeu que esse tempo na escola foi suficiente para mudar o olhar sobre si: muitos não se consideram mais analfabetos.

Leônidas, de 32 anos, havia concordado na primeira entrevista que há pessoas analfabetas, porém não se incluiu no grupo. Na segunda entrevista, ao ser perguntado se o nome "analfabeto" se referia a ele, respondeu:

> Ah, agora não. Agora a gente já sabe um pouco, né? Não vale mais porque eu não sou mais.

Os argumentos apresentados para justificar a mudança apontam para os progressos efetivados tanto na leitura, na escrita e no cálculo quanto em questões mais específicas, como a oralidade, o aumento do sentimento de segurança e a relação com os novos conhecimentos sobre a vida. Dessa forma, conclui-se que a frequência à escola é suficiente para mudar a valorização sobre si mesmo e a autoimagem, uma constatação que corrobora os dados já apresentados por Lauria (1990) no século passado[2].

Os adolescentes e adultos entrevistados apontaram também para modificações na qualidade dos relacionamentos interpessoais como decorrência do fato de estarem estudando. Eles percebem uma melhora significativa nas relações de amizade propiciadas pelo ambiente escolar. Pedro, de 29 anos, já na primeira entrevista percebe que há muita coisa para aprender na escola:

> [...] mas não é só ler e escrever que a escola ensina. Ensina a viver, em amizade com as pessoa.

Após um ano de frequência escolar, os alunos percebem-se consideravelmente modificados: o maior domínio da língua escrita e a consequente ampliação de suas possibilidades de uso, a vivência de atividades até então nunca experimentadas, como as artes e a participação em atividades culturais promovidas pela escola, favoreceram a transformação da compreensão sobre "si mesmos". Pode-se dizer que a frequência ao curso, com a especificidade do que a escola ensina e com a amplitude do que favorece (a convivência social) ou representa (o valor da escolaridade), propicia a transformação da autoimagem, revertendo o estigma antes incorporado.

---

2 Publicados no Brasil em 1990.

Que mudanças significativas se produziram na identidade dos alunos pesquisados ao longo desse ano letivo?

A primeira modificação ocorre na autoimagem: ver-se como estudante e com um papel que não o de analfabeto é fundamental. Estar na escola como estudante é motivo suficiente para mudar o modo de pensar, abrir-se para o conhecimento e para a modificação da identidade.

O analfabetismo é costumeiramente comparado à ignorância, à "burrice", à incapacidade, e, para o analfabeto, conhecimento importante é o das letras, o que se adquire na escola (Mello e Gomes, 1992). Psicologicamente, houve modificação na antiga imagem de "analfabeto", que foi cedendo lugar para a de "estudante": deixa-se de ser aquele que não sabe e passa-se a ser aquele que "está aprendendo". Cícera, de 19 anos, assim relata sua experiência:

> [...] eu me sinto uma pessoa feliz, [...] uma pessoa mais inteligente, porque eu estou frequentando a escola e vou aprender alguma coisa e tô aprendendo.

Ao participar de um curso de alfabetização, o aluno procura romper com a primeira identidade – a de analfabeto –, "deteriorada" pelo estigma de uma herança cultural (Goffman, 1980). A transformação é percebida até em pequenos detalhes, como na valorização de determinados materiais (livros e pasta), indicadores do papel de estudante, conforme nos conta Ana, de 23 anos:

> Estudar para mim é uma coisa muito boa. Sabe, pegar seus livros e ir pra escola é uma coisa muito, muito maravilhosa. [...] Sabe, vir para a escola, sabe, saber ler e escrever. Meu desejo é vim pra escola e estudar. [...] É tão bom, a gente fica tão feliz de pegar os livrinhos e ir estudar, pegar seu material tudo em ordem, vir estudar.

A segunda modificação está na percepção da possibilidade de estabelecer relações interpessoais significativas com os colegas, isto é, uma nova condição de sociabilidade. O mundo do trabalho costuma ser apresentado, na perspectiva do analfabeto, como limitador da sociabili-

dade. Os depoimentos mostram que frequentar a escola significa fazer que os alunos saiam da rotina em que se encontram. De um quadro inicialmente apontado como de solidão, falta de lazer e excesso de trabalho, os alunos dizem que "agora" têm amigos, têm a professora, têm com quem conversar. Frequentar a escola favoreceu a ampliação do círculo de referência com consequente ampliação dos papéis a ser desempenhados, possibilitando uma vida social mais expressiva. Os alunos referem-se à escola como o local que se frequenta para aprender e, também, para estabelecer relações de amizade. O depoimento de Fátima, de 33 anos, é expressivo de uma percepção de sucesso:

> Porque eu acho assim, a gente fica dentro do trabalho e é só trabalho, só trabalho. Hoje eu tenho a professora, tenho amigos, amigas, tenho amizades. E antes eu ficava ali dentro, sem amigas. Era do trabalho pra casa, de casa pro trabalho. Hoje eu me entendo assim, que eu tenho outra vida. Muito bom.

A terceira modificação, consequência de maior sociabilidade, diz respeito à transformação que ocorre na fala das pessoas quando aprendem a ler e a escrever (Ferreiro, 1983). Os entrevistados referem-se a uma expressividade mais ajustada, ao uso da linguagem de forma mais elaborada, à modificação do conteúdo do discurso e às novas maneiras de falar em razão da ampliação dos conhecimentos, à mudança na forma de falar, porque transformam a maneira de se comportar. Entre todas as conquistas, é possível destacar o aumento da confiança e a superação da vergonha limitante de não saber. Como afirma Ferreiro (1983, p. 227-8),

> [...] *saber leer y escribir cambia la vida cotidiana, da más confianza em si mismo, em la propia capacidad de expresarse, y permite superar la verguenza de no saber delante de los otros*[3].

3 [...] saber ler e escrever muda a vida cotidiana, dá mais confiança em si mesmo, na própria capacidade de expressar-se, e permite superar a vergonha de não saber diante dos outros. (Tradução livre)

A proposta pedagógica realizada pela escola, favorecendo o estabelecimento de relações interpessoais, produziu efeitos positivos: os alunos percebem o diferencial em sua vida.

Frequentar a escola foi significativo no processo de transformação da identidade. Inserir-se mais amplamente no mundo letrado contribuiria, também, para essa transformação? Que indícios os alunos nos dão sobre isso e como as evidências da aprendizagem remetem ao processo de transformação?

Uma mudança importante para a identidade é a possibilidade de escrever o próprio nome. Alguns alunos deixaram claro que essa conquista é indício de uma identidade em transformação. A mudança é qualitativa: sabendo escrever o próprio nome, o analfabetismo já não é o mesmo, e o processo de aprendizagem parece mais viável em um futuro de conquistas: "se eu aprendi a escrever meu nome, posso aprender outras coisas".

A escrita do próprio nome não tem apenas uma dimensão funcional: é conquista fundamental para esses alunos porque, conforme Maranhão (1994), representa a passagem do estágio de analfabetismo para um estágio mais "evoluído". O sujeito analfabeto considera-se como tal quando não sabe escrever o nome. No momento em que realiza esse ato, sente-se "menos analfabeto". Nas palavras de Oliveira (1987, p. 22):

> A incapacidade de escrever o próprio nome é símbolo do mais completo grau de analfabetismo, com forte conotação negativa. O estigma do analfabeto é frequentemente expresso pela menção dessa incapacidade e da consequente necessidade de utilizar a impressão digital. [...] Ainda que o domínio dessa habilidade específica possa ser útil ao indivíduo nas poucas situações em que ele necessita apenas escrever seu nome (assinatura de recibos, abaixo-assinados, etc.), seu valor é basicamente simbólico, dando-lhe um *status* mais alto que aquele de um analfabeto.

A escrita do próprio nome foi investigada também por Ferreiro e Teberosky (1985) em pesquisa com crianças. As autoras chegam a

conclusões muito importantes, como a de que, nas famílias de classe média, o uso social da escrita do próprio nome permitia às crianças a aprendizagem e a atribuição de significado à escrita mais rapidamente do que quando comparadas às crianças de classe econômica menos favorecida, entre as quais a escrita do próprio nome não era usual. Isso porque, vivendo em um ambiente mais letrado, as crianças economicamente favorecidas têm maior familiaridade com as letras e motivos para valorizar essa conquista. Outra importante conclusão é que a escrita do nome para a criança "[...] parecia funcionar em muitos casos como a primeira forma estável dotada de significação" (Ferreiro e Teberosky, 1985, p. 217).

Estabelecendo um paralelo entre as conclusões de Ferreiro e Teberosky e a importância atribuída à escrita do nome pelos entrevistados, parece que a escrita do nome funciona, também entre os adultos analfabetos, como modelo de estabilidade que apoia escritas futuras. Escrever corretamente e com "letra bonita" o próprio nome é a marca de uma etapa alcançada, com perspectiva de futuros progressos.

Em síntese, a vida escolar e o avanço na alfabetização, mais especificamente a escrita do próprio nome, mostram-se conquistas importantes para a "desidentificação" do estigma de analfabeto, para a recolocação do sujeito no universo social e para a conquista de novas formas de expressão. Cabe, então, perguntar: qual o papel da escola e, mais especificamente, da EJA nesse processo?

O papel da escola

Torres (1995, p. 34) apresenta uma proposta a respeito dos objetivos que deveriam nortear os cursos de educação de adultos:

> Qualquer programa de alfabetização de adultos deveria levar em conta que, por trás da decisão de aprender a ler e escrever, há um mundo subjetivo de expectativas, desejos e fantasias, que vão além de simplesmente aprender as letras, além das necessidades objetivas e materiais e além das urgências da sobrevivência.

Ao longo das entrevistas, vários alunos referem-se às diversas atividades específicas propostas pela escola como situações positivas e facilitadoras da permanência na escola e da aprendizagem: são atividades de informática, teatro, artes, etiqueta, estudos do meio realizados aos domingos, exposições, feira cultural, jornal, entre outras, tal como nos apresenta Francisca, de 55 anos:

> Matemática, teatro, Encontro Cultural... é muito bom pra gente! É muito bom! A gente fica com uma mente mais aberta, vê as coisa diferente, as pessoa também. Porque o pessoal daqui é muito bom!

Além das atividades, importa considerar a ação e o apoio da professora e da coordenadora. Percebeu-se que o papel exercido pelas educadoras é de fundamental importância na ação educativa com adultos analfabetos ou poucos escolarizados. Graciete, de 58 anos, descreve a dificuldade do aluno e, em contrapartida, anuncia o perfil da educadora:

> [...] *a professora é muito boa e ela faz com que a gente se sinta à vontade.* [...] *quando a gente* [...] *tem uma professora que não compreende a gente, fica meio difícil. Compreender assim, que a gente é um adulto, já numa certa idade, mas é muito difícil pra gente, porque se a pessoa nunca fez aquilo, qualquer coisa pela primeira vez é difícil, né?*

Os depoimentos apresentam o perfil da professora como o de uma pessoa comprometida com o processo de aprendizagem dos alunos, mostrando que, além de ensinar um conteúdo formal, é importante estabelecer relações interpessoais significativas, geradoras da consciência de dignidade e elevação da autoestima.

Retomando Freire (1996), para quem alfabetizar vai muito além do mero ensinar uma técnica de leitura e escrita, vale lembrar a pedagogia fundada no respeito ao alfabetizando. A ação educativa passa, também, pela expressão do afeto do professor para com seus alunos, de

uma forma muito livre e verdadeira: "ensinar exige querer bem aos educandos" (1996, p. 159). Isso implica educadores que manifestem respeito e carinho pelo aluno, em nome de uma alfabetização que não se transforme em violência à consciência do outro, em humilhação. Reconhecendo o papel muitas vezes autoritário do ensino, Gadotti (2000, p. 103) afirma que "a humilhação é o contrário da educação libertadora [...]". Em sintonia com essa postura, Durante (1998, p. 109) apresenta sua conclusão quanto ao papel da educadora:

> [...] é necessário seu comprometimento [...], para compreender as formas de construção de conhecimento dos alunos, os conteúdos, os princípios norteadores do trabalho, criar situações, tornar-se leitora e escritora competente, o que envolveu aprofundamento teórico, nova postura e parcerias no seu processo de formação em serviço.

Segundo os alunos entrevistados, o que dificulta a frequência ao curso são as condições de trabalho: o horário incompatível com o estudo, as exigências, a dificuldade de conciliar trabalho e estudo. Essas condições restringem o acesso e a permanência do analfabeto nos cursos de EJA. Se, por um lado, o trabalho contribui para superar o estigma da pobreza, por outro, o que se vê é o trabalho dificultando a frequência escolar e criando, dessa forma, um círculo vicioso de difícil solução.

Considerações finais

De acordo com o que foi relatado, fica claro que, para o adulto analfabeto, o ingresso na escola e o processo de alfabetização podem ter um significado muito mais amplo que os ganhos estritamente pedagógicos. Dessa forma, é possível perguntar: como as experiências e os aprendizados vividos ao longo de um ano letivo transformaram a identidade dos sujeitos?

Os depoimentos colhidos fornecem sinais consistentes de que a ação da escola inseriu os alunos num processo de transformação da identi-

dade que se expressa na assunção do papel de aluno, em contraposição ao de analfabeto; na aquisição do *status* de inteligente, que se contrapõe à menos valia relacionada ao ser analfabeto; na percepção de ser útil; na convicção de estar buscando um rumo alternativo para a condição de indignidade; na superação da barreira do isolamento social provocada pelas condições de trabalho e pela dificuldade de interação com as pessoas. Por esse conjunto de aspectos ficam evidentes novas perspectivas de aprender, de se relacionar e de se comunicar, o que torna possível afirmar que a escola está sendo referencial transformador para esse grupo de alunos.

Goffman (1980, p. 18-9), ao discorrer sobre o estigma e sua incorporação pelo indivíduo discriminado, afirma que o peso da carga negativa tende a acompanhar o sujeito como um todo, e não apenas no aspecto específico pelo qual ele "deveria" ser rechaçado. O analfabeto responde a tal situação procurando corrigir o que considera "a base objetiva de seu defeito": transformando a sua educação. "Onde tal conserto é possível, o que frequentemente ocorre não é a aquisição de um *status* completamente normal, mas uma transformação do ego: alguém que tinha um defeito particular se transforma em alguém que tem provas de tê-lo corrigido". A frequência escolar assume o significado de prova da "correção de um defeito".

O processo de transformação da identidade do adulto pouco ou nada escolarizado inicia-se com o papel de estudante, passa pela aprendizagem da escrita do próprio nome e se fortalece no estabelecimento de relações interpessoais significativas por meio de novas possibilidades de interação. A autoimagem transforma-se porque o indivíduo recupera a relação consigo mesmo e com o mundo, num processo de geração da consciência de dignidade e cidadania. Para tanto, colaboram intensamente para esse processo a ação do professor e o projeto pedagógico da escola. O adulto analfabeto começa a se transformar pela ação da escola, e mais especificamente pela ação dos educadores, muito antes de aprender a ler e a escrever.

Referências bibliográficas

COLELLO, S. M. G. *A escola que (não) ensina a escrever*. São Paulo: Paz e Terra, 2007.

DURANTE, M. *Alfabetização de adultos: leitura e produção de textos*. Porto Alegre: Artmed, 1998.

ERIKSON, E. H. *Identidade, juventude e crise*. Rio de Janeiro: Zahar, 1976.

FERREIRO, E. "Los adultos no-alfabetizados y sus conceptualizaciones del sistema de escritura". *Cuadernos de Investigaciones Educativas*, México, D. F., n. 10, abr. 1983.

FERREIRO, E.; TEBEROSKY, A. *Psicogênese da língua escrita*. Porto Alegre: Artes Médicas, 1985.

FREIRE, P. *Pedagogia da autonomia: saberes necessários à prática educativa*. São Paulo: Paz e Terra, 1996.

GADOTTI, M. *Perspectivas atuais da educação*. Porto Alegre: Artmed, 2000.

GOFFMAN, E. *Estigma: notas sobre a manipulação da identidade deteriorada*. Rio de Janeiro: Zahar, 1980.

LURIA, A. R. *Desenvolvimento cognitivo: seus fundamentos culturais e sociais*. São Paulo: Ícone, 1990.

MARANHÃO, H. P. "O analfabeto e a sociedade letrada". *Alfabetização e Cidadania*, São Paulo, Raaab, ano 1, n. 1, p. 7-15, out. 1994.

______. "Analfabeto: ser e não ser". 2001. Disponível em: <http://www.educacaoonline.pro.br>. Acesso em: 12 dez. 2004.

MELLO, S. L.; GOMES, J. V. O que pode ler o iletrado? *Travessia – Revista do Migrante*, São Paulo, ano V, n. 12, p. 21-24, jan./abr. 1992.

OLIVEIRA, M. K. "O inteligente e o "estudado": alfabetização, escolarização e competência entre adultos de baixa renda". *Revista da Faculdade de Educação*, São Paulo, USP, v. 13, n. 2, p. 15-26, jul./dez. 1987.

PALÁCIOS, J. *Introdução à psicologia evolutiva: história, conceitos básicos e metodologia*. Porto Alegre: Artes Médicas, 1995.

TFOUNI, L. V. "A escrita – Remédio ou veneno?" In: AZEVEDO, M. A.; MARQUES, M. L. (orgs.). *Alfabetização hoje*. São Paulo: Cortez, p. 51-69, 1994.

TORRES, R. M. "Cinco reflexões sobre a educação". *Alfabetização e Cidadania*, São Paulo, Raaab, ano 2, v. 2, n. 1, p. 27-34, maio 1995.

VALINO, M. L. *Quem não sabe ler nem escrever pede favor. Até quando?* 2006. Dissertação (Mestrado em Educação), Faculdade de Educação, Universidade de São Paulo (Feusp), São Paulo (SP).

parte III A produção de textos de crianças e adolescentes

6 O uso do computador e parcerias entre crianças na alfabetização inicial[1]

ANDRÉA LUIZE

> Qual é a única maneira de permitir a alguém - criança ou adulto - que aprenda algo a respeito de certo objeto de conhecimento? Permitir-lhe que entre em contato, que interaja com esse objeto.
>
> *Ferreiro, 2003, p. 38*

O acesso ao computador, embora este se configure como importante ferramenta tecnológica e tenha obtido ampla aceitação nos âmbitos sociais, ainda não é suficientemente reconhecido pelos educadores como recurso em situações de ensino da língua, principalmente entre os que atuam com crianças pequenas, em processo de alfabetização.

É fato que o "abismo que separa a prática escolar da prática social da leitura e da escrita" (Lerner, 2002) também se torna evidente nas discussões sobre a pertinência do uso do processador de textos pelas crianças que, muitas vezes, já o utilizam em circunstâncias domésticas. Escrever tendo como únicos recursos o lápis e o papel, quando socialmente o computador ocupa cada vez mais esse espaço, não condiz com o objetivo de formar leitores e escritores competentes para se comunicarem nas mais distintas situações sociais. Ao lado desse pressuposto, assumido por muitos educadores, proliferam os debates, nem sempre bem focados, sobre os possíveis malefícios de colocar a criança pequena em contato com o computador.

---

1 Trabalho apresentado na 4th International Conference on Speech, Writing and Context, em Querétaro, México, em outubro de 2008.

Tendo por base a diversidade, um dos princípios que norteiam as decisões didáticas, há o reconhecimento da necessidade de favorecer em sala de aula múltiplas interações com a escrita, considerando diferentes interlocutores e propósitos e também por meio de diferentes recursos, entre os quais pode se situar o computador. Porém, para que sejam planejadas propostas adequadas e favoráveis para o percurso cognitivo de pequenos aprendizes, é importante que algumas questões sejam discutidas. Dessa forma, que possibilidades o computador apresenta efetivamente para os aprendizes? Quando se busca compreender o funcionamento da escrita e simultaneamente comunicar-se com os outros pelos textos, o computador favorece reflexões e soluções diferentes em comparação ao uso do papel? O computador favorece alternativas de interação? Escrever textos no processador pode contribuir para os processos de aprendizagem? Como?

Essas questões, dentre outras, guiaram minha dissertação de mestrado, apresentada sob o título *O processo de apropriação da escrita na infância: situações interativas na produção textual* (Luize, 2007). Analisei o processo de produção textual de crianças de 4 a 6 anos, aproximadamente, em um grupo de dezesseis crianças, organizadas em duplas para a realização das tarefas (uma criança ditando e outra grafando ou digitando). Cada dupla compôs quatro textos, também analisados como produtos dos processos que vivenciaram: duas listas de bagagem para um acantonamento, uma manuscrita e outra digitada, e duas parlendas, uma manuscrita e outra digitada.

Importa salientar que foi realizada uma pesquisa em didática, de modo que as situações eleitas e as condições para as tarefas eram similares às oferecidas em classes de Educação Infantil e 1º ano.

A proposta de produção em dupla foi feita tanto para favorecer que as crianças explicitassem suas ideias, o que se coloca como necessário quando precisam partilhar decisões, quanto por configurar uma situação essencial nas salas de aula, potencializando intercâmbios e, como consequência, aprendizagens.

As dezesseis crianças observadas, organizadas em oito duplas de trabalho, estudavam na Escola da Vila, instituição particular na cidade de São Paulo, reconhecida pelo ensino pautado nos princípios construtivistas de aprendizagem. Em suas respectivas classes, as crianças eram desafiadas, cotidianamente, a ler e a escrever por diferentes razões e para diferentes destinatários, lidando com textos variados e, por vezes, também com o computador, sem que tivessem aulas específicas sobre o seu manuseio. Situações de pesquisa em *sites* ou de produção coletiva ou em pares são exemplos de propostas que as familiarizavam um pouco com o computador.

Os textos eleitos para as situações de pesquisa encontram-se entre aqueles usualmente trabalhados nas classes de Educação Infantil da escola. As listas de títulos e brincadeiras preferidas, animais estudados, materiais necessários para uma atividade de artes, itens para um piquenique, entre outras, são textos com os quais as crianças se deparam – como leitoras e escritoras – quase que cotidianamente. As parlendas, conhecidas de memória e recitadas em jogos e brincadeiras, também são escritas para a composição de murais ou mesmo de coletâneas.

A análise feita, com base na coleta de dados, pautou-se nas reflexões explicitadas pelas duplas e nas decisões que tomavam para solucionar problemas impostos pela produção.

Cabe ressaltar a importância da decisão de analisar não apenas os textos como produtos finais e as marcas neles presentes, mas os processos de composição dos quais resultaram. Afinal, como destaca Góes (Smolka e Góes, 2003, p. 101), "a ação reflexiva pode ser entendida como aquela que é tomada como objeto de atenção pelo próprio sujeito. Trata-se não só de saber fazer, mas também de pensar sobre o que e como se faz".

Esse "pensar sobre o que e como se faz" é algo que se evidencia durante o processo de elaboração do texto, sobretudo quando é preciso tomar decisões em parceria, como era o caso das situações de pesquisa.

Buscou-se, desse modo, identificar que aspectos do ato de escrever podem se tornar fontes de reflexão por parte dessas crianças e, conse-

quentemente, alvos de intervenção didática para a ampliação de conhecimentos. Sabe-se, entretanto, que a ação de escrever é apenas uma das tarefas que a comunicação escrita demanda de um autor competente. Há outras decisões a ser tomadas que necessariamente se baseiam em conhecimentos além do sistema de representação, em conhecimentos sobre o que escrever e sobre as formas que pode tomar esse escrito.

Landsmann (1995, p. 5) identifica os conhecimentos de um escritor competente, afirmando que:

> O escrever é uma atividade física e simbólica que para ser exercida precisa de um sistema - um sistema de notação convencional -, que em diferentes circunstâncias produz o escrito. Porém, o escrito não é apenas um produto circunscrito ao escrever; em comunidades com uma longa história de uso da escrita, adquiriu certa autonomia do ato individual de escrever, transformando-se em modo discursivo. A linguagem do escrito ou linguagem escrita não se refere apenas a uma peça concreta do discurso, mas a um conjunto virtual de formas de expressão que esperamos dos textos.

Em estudos mais recentes sobre a composição textual, são retomados esses conhecimentos que precisam ser dominados por um escritor, entre os quais se incluem os procedimentos usados no processo redacional, conforme comenta Molinari (*apud* Kaufman, 2000, p. 15):

> Ao escrever, os usuários colocam em jogo conhecimentos de distinta natureza. Quem escreve tem conhecimentos sobre o *sistema de escrita* ou sistema de notação alfabético, ou seja, acerca de seus elementos - letras e tipos de letras, signos especiais - e das regras que regem sua relação. Mas, além das letras, quem escreve coloca em ação conhecimentos sobre a *linguagem escrita* ou a "linguagem que se escreve", segundo denominação de C. Blanche Benveniste. E o conhecimento de uma linguagem mais formal diferencia-se de acordo com as variedades discursivas, ou seja, uma linguagem que por seu uso social espera-se ser encontrada de maneira escrita e que,

> por certas características linguísticas, resulta em uma diferenciação textual: a linguagem das notícias, dos contos, das cartas...
> Ao mesmo tempo, os bons usuários conhecem e colocam em prática certos procedimentos durante o processo de escrita. Nesse *processo redacional* os bons produtores preveem e avaliam constantemente o que escrever e como fazê-lo em ações recursivas de planejamento, textualização e revisão até se chegar ao produto desejado. Em geral, seus textos não surgem de primeira intenção; é necessário voltar repetidas vezes sobre eles até alcançar a melhor produção em conteúdo e forma.

Isso significa que os conhecimentos relativos ao sistema de escrita e à linguagem escrita são evidenciados em um processo de tomada de decisões e de idas e vindas sobre o texto. O planejamento, a textualização, a revisão e a edição formam um conjunto de ações, de procedimentos, que o escritor coloca em prática para ajustar seus conhecimentos à situação de comunicação em que está inserido. O que dizer no texto? Com que tipo de linguagem? Com quais expressões? Qual a pontuação mais adequada? Qual a estrutura que esse texto deve ter? Essas e outras importantes decisões são tomadas ao longo do processo redacional.

No caso dos escritores iniciantes, além desses procedimentos e dessas decisões, as questões referentes ao princípio alfabético figuram com grande destaque entre as reflexões que explicitam.

Para a análise feita na pesquisa, partiu-se da premissa de que as crianças não apenas são capazes de compor textos antes mesmo de dominar boa parte dos conhecimentos de um hábil escritor, mas também podem utilizar os procedimentos que observam e vivenciam em suas experiências com a produção textual. Ou seja, as crianças realizam reflexões de natureza diversa enquanto escrevem e, sob intervenções do professor nas situações escolares ou mesmo em experiências vividas fora da escola, avançarão em seus conhecimentos sobre o sistema de representação, a linguagem escrita e igualmente sobre os procedimentos de escrita. É por essa razão que as unidades que orientaram a análise feita na investigação levaram em conta esses três grandes conjun-

tos de saberes e suas inter-relações. Planejar, textualizar e revisar são procedimentos que não existem de maneira isolada, mas em relação direta com as decisões sobre a notação e o discurso. Assim, tomaram-se como referência duas unidades de análise:

- Processo redacional e aspectos discursivos: ao planejar, textualizar e rever o escrito, quais foram as reflexões e decisões referentes à estrutura do texto, sua linguagem (que palavras usar) e seu conteúdo (o que escrever).
- Processo redacional e aspectos notacionais: ao planejar, textualizar e rever o escrito, quais foram as reflexões e decisões referentes à grafia das palavras (com quais e quantas letras) e a segmentação entre elas.

Inúmeras foram as reflexões realizadas pelas crianças, no âmbito discursivo e notacional, inclusive abarcando aspectos pouco esperados para crianças que ainda não dominam o alfabeto, como o uso de acentos e a segmentação entre as palavras. Dentre os dados coletados, serão priorizados aqui e apresentados nos itens que se seguem as reflexões e soluções potencializadas apenas ou com maior intensidade nos processos em que as produções foram digitadas.

O processo redacional e os aspectos discursivos

A partir dessa unidade de análise, observaram-se discussões entre as crianças da dupla sobre o que dizer no texto (conteúdo), a melhor maneira de dizer o que desejavam (linguagem) e a forma como organizar o texto no monitor ou no papel (escrever de forma contínua, pular linhas etc.). Também foram registradas as soluções que davam para os impasses vividos, como discordâncias em relação à pertinência de um item para a lista ou o conhecimento de duas versões diferentes para uma mesma parlenda.

Para fins do presente artigo, serão consideradas as discussões sobre a estrutura e a necessidade de controlar o texto. Em ambos os casos, ao utilizarem o computador, observou-se entre as crianças tanto o surgi-

mento de problemas, reflexões e soluções que não ocorreram nas situações manuscritas quanto soluções diferenciadas das que foram dadas no uso do papel.

a) Durante a textualização: discussões sobre a estrutura dos textos

Dentre as ações diferenciadas no papel e no computador, a mudança de linha, que caracteriza a enumeração na lista, foi realizada automaticamente e sem discussões entre as crianças no momento de textualização na situação manuscrita, mas se tornou objeto explícito de reflexão quando utilizavam o computador, onde se faz necessário uma ação concreta – apertar a tecla *enter* – para o início da nova linha sempre que a anterior não estiver finalizada. Essa necessidade fez que algumas duplas discutissem a enumeração como característica estrutural da lista, o que pode ser exemplificado na transcrição que se segue:

> Daniel: E agora?
> Flora: Agora... Tem que levar quatro gorros de lã.
> Daniel: Isso. Pode ser.
> Flora: Quatro. [Digita o número quatro na mesma linha e sem separação em relação à grafia da palavra "casaco" do item anterior, que acabaram de escrever.]
> Daniel: Não, não. Tem que ser aqui embaixo, é uma lista! [Aponta embaixo do número quatro, digitado logo após a palavra casaco, no início da primeira linha.]
> Flora: Como faz para colocar um tracinho para separar? [Pergunta, dirigindo-se à entrevistadora.]
> Daniel: Como faz para mudar de linha? [Flora quer o tracinho e Daniel, a mudança de linha. Antes que eu responda, Daniel e Flora repetem a pergunta feita por Daniel, agora juntos.]
> Flora e Daniel: Como faz para mudar de linha?
> [Entrevistadora mostra a tecla *enter*, sem apertá-la.]
> [Flora apaga o número quatro usando a tecla *backspace*, que acabou de descobrir; aperta a tecla *enter* e redigita o número quatro.]
>
> Escrita de lista de bagagem no computador:
> Daniel (5 anos e 7 meses) e Flora (4 anos e 11 meses).

O que se verifica nesse diálogo, e especialmente na colocação de Daniel ("Tem que ser aqui embaixo, é uma lista!"), é que algo já reconhecido e utilizado por esses escritores – a mudança de linha na organização da lista – torna-se um objeto de reflexão em virtude da mudança no suporte da produção. Ao escrever no computador, mudar de linha deixa de ser uma ação automática e passa a ser uma preocupação explícita por parte desses aprendizes, o que reitera o quanto essa característica do texto em elaboração já foi apropriada por eles e é vista como essencial na tarefa de escrita em jogo. Essa apropriação é, provavelmente, fruto de intervenções pedagógicas. A familiaridade que possuem com as listas no cotidiano escolar é grande e favorece reflexões dessa natureza.

Outras duplas realizaram semelhante reflexão, mas tomaram decisões diferentes para marcar a enumeração, entre elas o uso de hífens ou apenas vários espaçamentos, resultando em produções como esta:

2CAZAQO-

ITREB-

9CAUSABIQOPIDA -

        6PIJOMA-6BOTSA-EANPU–

Escrita de lista no computador,
Antonio (6 anos e 9 meses) e Bruno (5 anos e 10 meses) [2].

Também na produção digitada da parlenda notou-se uma maior preocupação por parte de algumas das duplas com a estrutura do texto, gerando mudanças intencionais de linha para o início de um novo verso. Esse problema não foi explicitado no uso do papel, onde a mudança de linha foi feita apenas quando a anterior havia sido totalmente preenchida.

---

2 2 casacos-
e também-
9 calças bem compridas -
6 pijamas-6 botas-xampu—

Clara: Já escreveu bota ovos?

Pedro: Já. Tá aqui. [Indica no monitor as grafias correspondentes a essas palavras.]

Clara: Agora é B, Ó...

Pedro: B... [Diz a letra e digita, dando continuidade ao texto, sem segmentar ou mudar de linha.]

Clara: Não, não! Agora, muda de linha que vai começar o bota um, bota dois...

Pedro: Como apaga mesmo?

Clara: Esse. [Indica a tecla *backspace*.]

[Pedro apaga, muda de linha teclando *enter* e digita BO.]

Escrita de parlenda no computador:
Clara (5 anos e 7 meses) e Pedro Henrique (5 anos e 9 meses).

AGALIADOVISIOBOTAOVUS
BOTA1
BOTA2
BOTA3
BOTA4
BOTA5
BOTA6
BOTA7
BOTA8
BOTA9
BOTA10
CLARA
PEDRO HENRIQIUE

b) Revisão durante a textualização: necessidade de controlar o texto

Um escritor experiente é capaz de realizar ações recursivas de revisão durante a produção do seu texto, relendo-o a cada etapa, corrigindo-o, fazendo inserções, substituições ou até extraindo aspectos que julgue desnecessários. A tarefa de revisar exige que o escritor modifique seu papel perante a produção e assuma a tarefa de leitor crítico de sua própria escrita.

É de se supor que o desafio de revisar seja grande para as crianças-escritoras que, muitas vezes, sequer dominam o sistema alfabético, o que dificulta a retomada do texto. Como destaca Molinari (Kaufman, 2000, p. 23, tradução minha):

> Dada a idade das crianças, esta é uma tarefa que acaba de se iniciar. Também é preciso avaliar seus resultados considerando essa condição. É um êxito que uma criança reveja seu texto, uma vez terminado. Que também tente alguma transformação, resulta uma verdadeira aquisição.

Justamente por se configurar como uma tarefa complexa para as crianças observadas, notaram-se ações pouco sistemáticas de revisão e, na maior parte das vezes, atreladas ao controle da produção ("o que já foi escrito?", "o que ainda falta?"). Nesses casos, o desafio era interromper a produção para retomar o texto, atuando como leitor. Na lista, apenas algumas duplas se ocuparam dessa tarefa, sobretudo no uso do computador. Na parlenda, ler o que fora escrito para continuar a compor o texto foi uma ação realizada apenas nos processos de produção digitada.

> Jhoão: Deixa eu ver onde está... A ga-li-nha... [inicia uma leitura procurando atribuir uma sílaba oral a cada uma ou duas letras digitadas]
> Camila: Do vizinho. [Diz e digita DO.]
> Jhoão: A-ga-li-nha-do... vi-zi-nho.
> Camila: [Digita VI e olha para o monitor.] Vi-zi-nho [Digita ZINO.]
> Jhoão: A-ga-li-nha-do-vi-zi-nho... [Diz e vai apontando no monitor onde está escrito cada parte.]... bota...
>
> Escrita de parlenda no computador:
> Jhoão (6 anos e 6 meses) e Camila (6 anos e 7 meses).

Embora muitas das duplas não tenham explicitado ações de revisão de forma sistemática e boa parte delas solicitasse a ajuda da entrevistadora para efetuar a leitura propriamente dita do que já haviam escrito,

pareciam reconhecer e validar o ato de ler como forma de exercer um controle sobre a produção.

O fato de as tentativas de controle do texto por meio da leitura terem ocorrido mais vezes quando as crianças da dupla utilizaram o computador pode ser justificado pela presença do monitor à frente de ambas. Na situação manuscrita, o papel fica próximo de quem escreve e aquele que dita nem sempre consegue acompanhar o desenvolvimento do texto. Além disso, outra justificativa possível é que o computador amplia a visualização do texto, já que ele não está comprometido por problemas no traçado das letras, algo comum entre crianças de 4 a 6 anos (faixa etária das crianças observadas).

O processo redacional e os aspectos notacionais

Dentre os aspectos observados com base nessa unidade de análise, pode ser enfatizada a seleção de letras para a grafia das palavras, aspecto que se configurava como um problema para a maior parte das crianças, uma vez que não escreviam alfabeticamente. Com que letras escrever e com quantas foram questões explicitadas por todas as parcerias nas mais diferentes situações de produção.

Comparativamente às tarefas realizadas no papel, considerações importantes foram potencializadas no computador, seja no que diz respeito ao desafio de grafar as palavras tendo no teclado uma fonte de informação, seja para lidar com a segmentação entre elas.

a) Durante a textualização: o teclado como fonte de informação, ampliação e restrição no uso de símbolos

No processo de apropriação da escrita alfabética, as crianças constroem uma série de conceitos, como já se divulgou amplamente a partir da publicação da primeira edição em 1979 da *Psicogênese da língua*

escrita de Ferreiro e Teberosky. Na fase final do processo, um conceito fundamental refere-se à fonetização: "quando as crianças começam a buscar uma relação entre o que se escreve e os aspectos sonoros da fala" (Ferreiro, 2003, p. 85). As crianças precisam compreender que as combinações de letras nas palavras representam sons que podem, inclusive, fazer parte de outras palavras. Isso quer dizer que palavras que já dominam, como o próprio nome ou nomes de colegas, funcionam como referências significativas na composição de diferentes escritas.

No trabalho realizado na Escola da Vila, esse conjunto de palavras – os nomes das crianças da classe – é amplamente analisado e utilizado para novas escritas. As crianças aprendem a buscar nessas palavras informações para outras escritas; trata-se de uma análise sonora: recorrem a diferentes palavras procurando o mesmo som de que precisam para a nova escrita. Assim descobrem, por exemplo, que o "pa" de Patrícia "pode ajudar" a escrever o "pa" de "papel".

Também nas situações de pesquisa isso se evidenciou, pois as crianças recorriam de forma sistemática aos nomes de colegas – expostos numa listagem idêntica à existente em sala de aula – a fim de localizar uma parte que os auxiliasse a escrever o que desejavam. Assim, entre outros, o nome de Gabriel foi utilizado para a escrita do "ga", em "galinha". Várias crianças eram capazes de utilizar um repertório ainda mais vasto: não apenas em nomes de colegas, mas em outras palavras, às quais recorriam de memória ou solicitavam à entrevistadora que as grafasse, procurando localizar as partes desejadas. Foi desse modo, por exemplo, que a palavra "bola" foi sugerida por uma criança para que conseguisse descobrir como grafar "bo" em "bota ovo".

No uso do computador, observou-se que, além das palavras dominadas e outras que buscavam, também o teclado se tornou fonte de informação para as duplas e, por vezes, substituiu a pesquisa na lista de nomes. Composto por todo o repertório de letras utilizadas em nosso sistema, o teclado foi inúmeras vezes usado pelas crianças para

solucionar dúvidas sobre a identificação de caracteres. Era comum que a criança que ditava mencionasse uma letra ou uma parte sonora cujos grafemas não eram de imediato reconhecidos pelo escriba. Quando escreviam no papel, o recurso mais usual era a procura de outras palavras, ação de extrema importância, conforme destacado anteriormente. No entanto, na produção no computador, era no próprio teclado que as crianças buscavam recorrentemente solucionar o problema, como fez a dupla abaixo:

> Guilherme: Bota ovo... Bo-ta. O ta, agora... o T...
>
> Giulia: Qual é o T?
>
> GUI: É de Tomás.
>
> Giulia: Pega a lista pra eu ver. [Faz menção à lista de nomes das crianças de sua classe.]
>
> Guilherme: Não precisa. Olha o T aqui. [Indicando o T no teclado.] É mais fácil ver aqui.
>
> [Giulia digita o T, conforme indicado pelo colega.]
>
> Escrita de parlenda no computador:
> Guilherme (5 anos e 5 meses) e Giulia (5 anos e 9 meses).

Como afirma Guilherme, identificar as letras no próprio teclado "é mais fácil", uma vez que todo o repertório está ali presente. A estratégia também se mostrou mais rápida do que buscar a lista de nomes, localizar a grafia de "Tomás" e, ali, a representação da letra desejada.

A presença do teclado também propiciou para algumas parcerias a ampliação do repertório de letras usadas para compor as grafias manuscritas. Pedro e João, por exemplo, cujo processo resultava em produções silábicas, tendiam a utilizar sistematicamente vogais para grafar o que desejavam. Na lista manuscrita, na qual aparecem doze itens no total, somente as consoantes D, V, K, C e R foram aproveitadas na grafia de cinco palavras, conforme se verifica a seguir:

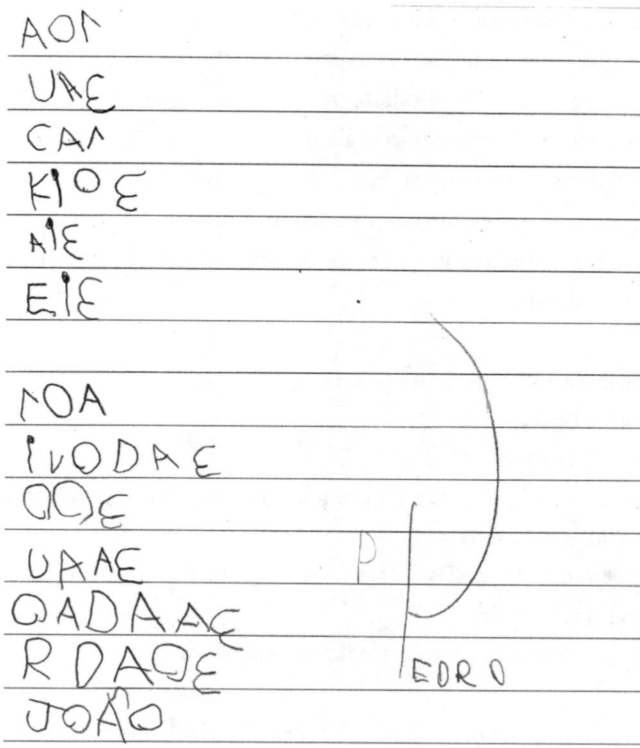

Figura 1 - Escrita de lista no papel:
Pedro (5 anos e 4 meses) e João (5 anos e 4 meses)[3]

3 carro 1 (linha 1)
sunga 3 (linha 2)
regata 1 (linha 3)
carrinho 3 (linha 4)
pás 3 (linha 5)
rede 3 (linha 6)
1 bola (linha 7)
brinquedo de praia 3 (linha 8)
foto 3 (linha 9)
toalha 3 (linha 10)
roupa de nadar 3 (linha 11)
pé de pato 3 (linha 12)

Na lista elaborada no computador, entretanto, a presença de consoantes se amplia consideravelmente, como se observa neste exemplo:

OADIO3KUU3OADRV3UAIAODS3AAODSV3IOOO3AI
ADOODRV3AADRV3AIADRVAFMAUUO3CRA3UAIA3
EROO1

Escrita de lista no computador:
Pedro (5 anos e 4 meses) e João (5 anos e 4 meses).[4]

Comparando ambas as produções, a despeito da diferença quantitativa de palavras entre uma e outra, nota-se que, na segunda listagem, praticamente em todos os itens grafados as consoantes foram utilizadas. O mesmo se deu na relação entre a parlenda escrita no papel e a digitada. Essa incidência maior de consoantes nas produções no computador também ocorreu nos processos de outras duplas que apresentavam escritas de caráter silábico ou silábico-alfabético.

Além desse aspecto, pode-se atestar que a presença do repertório de letras no teclado atua ainda no sentido oposto, restringindo o uso de símbolos, o que é igualmente favorável no processo de algumas duplas. Crianças no início do processo de apropriação da escrita são propensas a utilizar outros símbolos, denominados usualmente de pseudoletras, para elaborar suas produções. São tentativas de imitação dos traçados convencionais. Uma das duplas observadas nessa pesquisa incluiu nas escritas sobre o papel símbolos diferenciados, marcando esse tipo de ocorrência. Para essas crianças, o teclado se coloca como favorável fonte de informação, pois "ajuda a reconhecer que as letras do alfabeto constituem um conjunto finito". (Teberosky, in Teberosky e Gallart, 2004, p. 163).

4 roupa de frio 3 capuz 3 bolsa de neve 3 luva de neve 3 sapato de neve 3 binóculos 3 máquinas de foto de neve 3 calça de neve 3 arminha de neve para matar um urso 3 lanterna 3 lupa 3 carro 1.

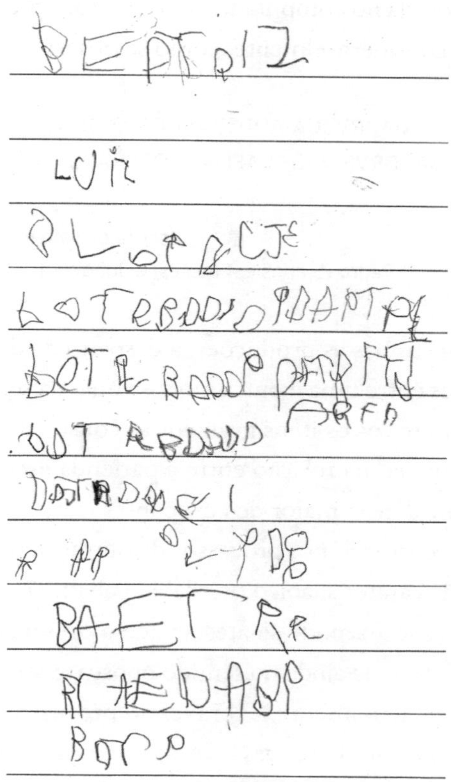

Figura 2 - Escrita de lista manuscrita:
Beatriz (4 anos e 10 meses) e Luiz (5 anos e 5 meses)[5]

5 BEATRIZ (linha 1)
LUIZ (linha 2)
3 blusas de manga curta (linha 3)
4 protetor solar 3 calções (linha 4)
3 calções (linha 5)
1 prancha (linha 6)
óculos 3 (linha 7)
biquíni 3 (linha 8)
mapa (linha 9)
guarda-sol (linha 10)
cadeira (linha 11)

3DDGNIV2IUYOII4IZLSII4IBHJKLIUB4UYHK
JMNLLIKJYGDO4AASDFGUHJFDSWEERVBN 444C
4NBVFHJGUYTLUIZ BEATRIZH

Escrita de lista no computador:
Beatriz (4 anos e 10 meses) e Luiz (5 anos e 5 meses).[6]

b) Durante a textualização: a segmentação

No contexto da pesquisa, a segmentação das palavras foi um dos desafios enfrentados por alguns dos aprendizes iniciantes, ainda ocupados em compreender o princípio alfabético. Marca da linguagem escrita, a separação necessária entre palavras em um texto é uma tarefa complexa para as crianças, entre outros aspectos, pela relação entre a ação de segmentar e a própria concepção de palavra que precisam construir.

Para as crianças em processo inicial de apropriação da escrita alfabética, a ideia de palavra é, muitas vezes, incipiente, não permitindo que a segmentação seja, de maneira efetiva, uma preocupação nas situações de produção textual, sobretudo nas primeiras versões de um texto. Isso faz que se possa encontrar, na maior parte das vezes, escritas contínuas, cujas separações são delineadas pela necessária mudança de linha, seja ao término desta, seja em virtude da estrutura usual do tipo de texto que se produz (nas listas elaboradas no papel, por exemplo, cada item foi separado do anterior pela mudança de linha, marcando a enumeração que caracteriza essa estrutura). Também deve ser destacado o uso frequente da letra bastão (letra maiúscula de imprensa). Reconhecido como favorável para as reflexões e observações que levam à compreensão do sistema alfabético, o uso de caracteres separados propicia a análise do traçado diferenciado dos símbolos e o

6 3 blusas de frio 2 cachecóis 4 luvas 4 sapatos de frio para esquiar 4 calças de frio (linha 1)
máquina de fotos 0 4 mapas carro de andar na neve (na sequência: HJFDSWEERVBN) 4 carros (linha 2)
4 carros Luiz Beatriz (linha 3)

controle quantitativo e qualitativo dessas marcas gráficas na produção. Todavia, pela própria separação entre um símbolo e outro, a letra bastão não evidencia a observação de uma segunda separação importante: a que ocorre entre as palavras, distinguindo-as.

Nas situações de pesquisa, notou-se, por parte de algumas duplas, tentativas sistemáticas e assistemáticas de segmentação apenas nas tarefas de produção no computador. Brunno e Antonio servirão como exemplo para discutir esse aspecto tanto no processo como no produto final do texto. O uso de hífens foi o recurso utilizado na produção da parlenda digitada:

A-GALI-NA-DUVIZI-NHO-BOTAOVOAMARÉLISNHO--
-1-2-3-4-5-6-7-8-9-10-ANTONIO-BRUNNO

Escrita de parlenda no computador:
Brunno (5 anos e 10 meses) e Antonio (5 anos e 9 meses).[7]

No exemplo, Brunno e Antonio fizeram, no início, uma tentativa de separação de unidades menores do que os versos da parlenda. Quando segmentam "a-gali-nha-dovizi-nho" (trecho da linha 1), não estão analisando os versos tradicionais e memorizados da parlenda, mas outras unidades, talvez em uma tentativa de aproximação da ideia de palavra ou até de sílaba, e provavelmente de também recuperar o ritmo de oralidade próprio da recitação. Levando em conta o momento de conceitualização vivido por tais crianças, a intenção de recortar sonoramente a palavra em sílabas para tomar decisões sobre sua grafia é de fundamental importância, por gerar novas reflexões sobre o funcionamento da escrita.

A tarefa de segmentar um texto em palavras é bastante árdua, inclusive pelo fato de que não há, nas regras do nosso sistema, uma marca gráfica a ser usada; trata-se apenas de um espaço em branco, um

---

7 a-gali-nha-dovizi-nho-botaovoamarelinho-- (linha 1)
- 1-2-3-4-5-6-7-8-9- 10-Antonio-Brunno (linha 2)

"nada" a delimitar as palavras no papel (Ferreiro, 1996). O hífen aparece de modo recorrente em textos escritos na nossa língua, definindo palavras compostas, ênclises ou marcando separações entre as sílabas de um vocábulo ao final da linha no texto. Sua função de separar certas palavras foi generalizada por essa dupla de aprendizes e o hífen foi utilizado sempre que julgavam importante segmentar trechos do texto.

Vale ressaltar que, embora a alternativa de usar o hífen tenha aparecido em outros grupos estudados, para Brunno e Antonio somente no computador essas separações precisavam ser feitas, conforme chegaram a comentar:

> Antonio: Primeiro põe nomes. Começa com nossos nomes... Tem tracinho?... Sabe, ele gosta de colocar tracinhos para separar e eu também. Eu tô aprendendo. [Dirige à entrevistadora essas duas últimas frases.]
> Brunno: Mas só no computador. Eu só sei usar o tracinho quando a gente escreve no computador.
> Entrevistadora: Por que só no computador?
> Brunno: Porque fica fácil, fica beeem mais fácil!
>
> Escrita de lista no computador:
> Brunno (5 anos e 10 meses) e Antonio (5 anos e 9 meses).

Como já se destacou anteriormente, a produção de textos no computador exibe uma série de diferenciais em comparação à produção manuscrita. No caso da segmentação, de acordo com o que se observou nessa pesquisa, o uso do computador também traz certas vantagens. Pela legibilidade que ganha, o texto no computador se parece muito mais com os que circulam socialmente, e que são conhecidos pelas crianças (textos de livros, jornais, propagandas etc.), e, como tais, não têm uma escrita aglutinada. Por vezes, como se observou na atuação de uma das duplas, as crianças seguem elaborando o texto sem a preocupação de segmentar. Mas, ao ver o texto no monitor, incomodam-se com as longas sequências de letras que compuseram e fazem algumas tentativas de separação.

Outro fator inerente à escrita no computador está na presença de uma tecla – a barra de espaço – especialmente destinada à tarefa de distanciar um caractere de outro. Quando produzem usando o teclado, a ação de segmentar se concretiza no procedimento consciente de apertar uma tecla, diferente do que ocorre no texto manuscrito, situação na qual a mesma tarefa depende apenas dos movimentos mais sutis da mão.

A explicação dada por Brunno sobre as razões que o levam a experimentar segmentações no computador resume as vantagens desse recurso como favorecedor de reflexões sobre o tema: "é mais fácil". De fato, o espaço em branco pode "ganhar vida" em uma das teclas do computador.

A atuação da dupla: divisão de papéis e intercâmbio de decisões

Como já se evidenciou, a proposta de produção em parceria constitui uma significativa situação didática. Nas palavras de Teberosky (Teberosky e Colomer, 2003, p. 118), "compartilhar a produção da escrita de palavras e de textos é parte do ambiente social; [...] a aprendizagem deve ser realizada em situações compartilhadas, que possibilitem a interação social entre as crianças [...]".

Em texto elaborado em coautoria com Ribera, Teberosky (Teberosky e Gallart, 2004, p. 67) vai adiante nessa análise: "Na situação de escrita entre uma dupla de crianças se põe claramente em evidência essa interação e as aprendizagens a partir de escrever e ler a própria escrita, sobretudo quando se dá entre diferentes concepções sobre como se escreve".

A produção em parceria, ou mesmo em pequenos grupos, supõe, efetivamente, confrontos. Trata-se da composição cooperativa de um texto, uma coautoria que implica intercâmbios específicos sobre a escrita e ainda a possibilidade de atuação em papéis diferenciados durante o processo de produção. Na investigação realizada, o anúncio da

proposta de elaboração dos quatro textos solicitados às crianças vinha acompanhado da definição dos papéis que cada qual exerceria: um escriba e um ditante. Era esperado, porém, que se efetivassem trocas no desempenho dessas funções, inclusive atreladas à grafia das palavras, o que realmente se deu. Raras foram as situações em que cada criança se limitou ao papel que lhe fora destinado; as crianças alternavam a tomada de decisões, consultavam o colega quando tinham dúvidas e partilhavam problemas, na tentativa de encontrar maneiras de solucioná-los.

Nas tarefas em que o computador era o recurso de produção, entretanto, evidenciou-se sistematicamente uma participação mais ampla do ditante nas decisões sobre os aspectos notacionais. Da mesma forma, observaram-se mais tentativas de revisão nas grafias realizadas durante a produção da palavra.

Em comparação com as possibilidades da produção manuscrita, o computador oferece inúmeras vantagens para a elaboração de textos em parceria. Em primeiro lugar, como já se destacou também, o computador, por meio do monitor, torna o texto nítido e legível tanto para quem digita quanto para quem o dita. A possibilidade de averiguar as ações do escriba pelo monitor ampliou a participação do ditante e também a qualidade das intervenções dos sujeitos que exerceram esse papel. Do mesmo modo, a possibilidade de correções aumenta pelo acompanhamento constante do que está sendo produzido. Como sugere Teberosky (Teberosky e Gallart, 2004, p. 163), "a apresentação do texto sobre a tela [...] é percebida pela criança como algo mais objetivo e distanciado dela própria, e é mais fácil que seja objeto de correção".

Também o teclado exibe de forma nítida todos os símbolos que compõem nosso sistema, incluindo letras e outras marcas gráficas utilizadas para a pontuação e acentuação. Esse repertório fica evidente da mesma forma para quem grafa e para quem dita, favorecendo amplas observações e até a divisão da tarefa de digitar.

Além desses aspectos, é preciso valorizar o fator motivação. Escrever no computador é, para as crianças, algo ainda mais próximo do

mundo adulto e influi diretamente na disponibilidade para interagir com esse recurso: o contexto da informática, por si só, parece atrair o público infantil.

Considerações finais

Na investigação que deu origem ao presente artigo, a análise dos processos vivenciados pelas parcerias e de seus respectivos produtos (os textos) permitiu o reconhecimento de uma série de diferenças não só na postura das crianças perante a tarefa, mas também nas ações sobre a escrita nas produções feitas no computador. Concluiu-se que o computador, pelos diferenciais (como a visibilidade do texto no monitor e a presença do repertório de símbolos convencionais no teclado) que apresenta, exige ações específicas por parte do escritor (como teclar e digitar, e não mais grafar; experimentar segmentações entre as palavras ou trechos, já que existe uma tecla que concretiza essa ação; acompanhar a composição do texto no monitor com maior visibilidade, entre outras) que acabam por favorecer uma série de reflexões por vezes distintas das que ocorrem no uso do papel.

Não se toma, aqui, a tecnologia em si como responsável pela construção de conhecimentos ou como facilitadora das tarefas cognitivas que envolvem o ato de escrever; utilizar o computador não alivia o escritor da necessidade de pensar e tomar decisões sobre a escrita (Ferreiro, 2002).

Retomando o princípio da diversidade no processo de alfabetização, importa evidenciar uma importante contribuição trazida por Ferreiro (2002, p. 82):

> Sabemos que se alfabetiza melhor:
>
> a) quando se permite a interpretação e produção de uma diversidade de textos (inclusive dos objetos sobre os quais o texto se realiza);
>
> b) quando se estimulam diversos tipos de situações de interação com a língua escrita;

c) quando se enfrenta a diversidade de propósitos comunicativos e de situações funcionais vinculadas à escrita;
d) quando se reconhece a diversidade de problemas a serem enfrentados para produzir uma mensagem escrita (problemas de graficação, de organização espacial, de ortografia de palavras, de pontuação, de seleção e organização lexical, de organização textual [...]);
e) quando se criam espaços para que sejam assumidas diversas posições enunciativas ante o texto (autor, revisor, comentarista, avaliador, ator [...]); e
f) finalmente, quando se assume que a diversidade de experiências dos alunos permite enriquecer a interpretação de um texto [...]; quando a diversidade de níveis de conceituação da escrita permite gerar situações de intercâmbio, justificação e tomada de consciência que não entorpecem mas, pelo contrário, facilitam o processo; quando assumimos que as crianças pensam sobre a escrita (e nem todas pensam o mesmo ao mesmo tempo).

A partir dessas vertentes da diversidade, tão bem situadas por Emilia Ferreiro e que tanto influenciam o processo de alfabetização, é fundamental que o professor, quando se trata de favorecer aprendizagens, planeje situações didáticas nas quais as crianças tenham a oportunidade de vivenciar interações diversas com o universo da escrita. Isso também envolve promover interações tanto com o papel como suporte quanto com o computador e todos os seus recursos, possibilitando às crianças lidar com problemas distintos, ampliando as oportunidades de analisar, observar, refletir e intercambiar – ações fundamentais no processo de compreensão e apropriação da escrita.

Referências bibliográficas

FERREIRO, E. *Com todas as letras*. São Paulo: Cortez, 2003.

_______. *Passado e presente dos verbos ler e escrever*. São Paulo: Cortez, 2002. (Questões da nossa época v. 95).

FERREIRO, E. *et al. Chapeuzinho Vermelho aprende a escrever*. São Paulo: Ática, 1996.

Ferreiro, E.; Teberosky, A. *Psicogênese da língua escrita*. Porto Alegre, Artmed,1999 (edição comemorativa).

Kaufman, A. M. (org.). *Letras y números – Alternativas didácticas para Jardín de Infantes y Primer Ciclo de la EGB*. Buenos Aires: Santillana, 2000.

Landsmann, L. T. *Aprendizagem da linguagem escrita: processos evolutivos e implicações didáticas*. São Paulo: Ática, 1995.

Lerner, D. *Ler e escrever na escola: o real, o possível e o necessário*. Porto Alegre: Artmed, 2002.

Luize, A. *O processo de apropriação da escrita na infância: situações interativas na produção textual*. 2007. Dissertação (Mestrado em Educação) – Faculdade de Educação, Universidade de São Paulo (Feusp), São Paulo.

Smolka, A. L. B.; Góes, M. C. R. (orgs.). *A linguagem e o outro no espaço escolar: Vygotsky e a construção do conhecimento*. Campinas: Papirus, 2003 (Magistério: Formação e trabalho pedagógico).

Teberosky, A.; Colomer, T. *Aprender a ler e a escrever: uma proposta construtivista*. Porto Alegre: Artmed, 2003.

Teberosky, A.; Gallart, M. S. *et al*. *Contextos de alfabetização inicial*. Porto Alegre: Artmed, 2004.

7 Redação de vestibular: o "eu" proscrito, comedido ou transfigurado?

MÁRCIA MARTINS CASTALDO

Entre as várias máximas que povoam as preocupações de um vestibulando ao redigir sua redação, destaca-se aquela relacionada à denominada *pessoalidade* do texto. Ditam as regras da voz social – da escola, do curso preparatório, do *manual* – que a dissertação de vestibular deve ser impessoal.

Diante da requisição, os eus-escritores-candidatos concebem seus textos preocupados em eliminar – imaginam – qualquer traço que evidencie o tom pessoal.

Seria possível, em cada palavra, apagar as marcas de quem a proferiu?

Salienta Bakhtin (2000, p. 283): "O enunciado – oral e escrito, [...], em qualquer esfera da comunicação verbal – é individual, e por isso pode refletir a individualidade de quem fala (ou escreve)".

Há, assim, uma palavra *minha*. Segundo Bakhtin (2000, p. 313), aquela que "já se impregnou de minha expressividade [...]" e que "[...] nasce no ponto de contato entre a palavra e a realidade efetiva, nas circunstâncias de uma situação real, que se atualiza através do enunciado individual". Acrescente-se, ainda segundo Bakhtin (2000, p. 313), que, "Neste caso, a palavra expressa o juízo de valor de um homem individual [...]".

Se assim consideramos, qualquer palavra, por mais neutra que possa parecer, ao adquirir vida no enunciado revelará, sempre, a forma particular de o locutor que a proferiu conceber o mundo; seja pelas simples escolhas dos recursos linguísticos, seja pelos recortes dos conteúdos ali apresentados, por exemplo. Em qualquer ato comunicativo, será sempre manifesto um olhar particular. A palavra sempre será *pes-*

soal; suas formas de manifestação, estas, sim, serão variáveis. Parece mais preciso, pois, substituir o termo *pessoalidade* por *expressividade*, emprestando a palavra de Bakhtin para nomear as marcas do eu-escritor na superfície textual.

Embora haja, sempre, a possibilidade de se depreenderem as marcas de individualidade em um ato comunicativo, nem todos os enunciados as trazem tão evidentes. Isso ocorre porque as formas em que esses enunciados se realizam são definidas pelas regras de composição do gênero do discurso[1] em que a construção se dá. Há gêneros mais propensos à expressão de vozes mais particularizadas e gêneros que "requerem uma forma padronizada, tais como a formulação do documento oficial, da ordem militar, da nota de serviço, etc." (Bakhtin, 2000, p. 283).

Assim, ao modelar sua interlocução, o locutor deve imprimir em seu texto marcas que respeitem as regras determinadas pela interação verbal em questão, construindo sua palavra de modo mais livre ou mais regrado, mais objetivo ou mais subjetivo, mais íntimo ou mais formal, mais engajado ou mais imparcial, considerando os graus, não de pessoalidade – como têm buscado os eus-escritores-aprendizes – mas de *expressividade* permitidos, marcando de modo mais ou menos evidente, o "eu".

Certos gêneros, como uma carta dirigida à namorada, permitem maior grau de intimidade entre os interlocutores, menor distanciamento, do que, por exemplo, um requerimento de matrícula. A construção, em cada caso, terá suas particularidades: o locutor do primeiro, focado em si, recorrerá a elementos mais expressivos, evidenciadores de um estilo mais individual; o locutor do segundo selecionará, entre os recursos linguísticos disponíveis, aqueles mais apropriados à ocultação do "eu" que se manifesta. O locutor consubstanciará sua *expressivi-*

1 Adotamos, aqui, a concepção bakhtiniana de gênero: tipos de enunciados relativamente estáveis caracterizados por formas composicionais, estilo verbal e conteúdo determinados (Bakhtin, 2000).

dade de modo mais ou menos evidente, de acordo com as determinações do gênero em que construirá seu ato comunicativo.

Diante dessas considerações, uma pergunta se impõe: de que forma os vestibulandos constroem a *expressividade* em suas redações dissertativas?

Para responder à questão, recorramos aos textos produzidos pelos candidatos do vestibular[2] promovido pela Fundação Universitária para o Vestibular (Fuvest) no ano de 2007.

A proposta de redação solicitava que o candidato redigisse um texto dissertativo sobre a amizade. Em sua produção, o vestibulando deveria, ainda, considerar uma pequena coletânea de textos sobre o assunto.

Para contemplar as determinações do gênero redação dissertativa de vestibular, a interlocução – como já sinalizado anteriormente – deve respeitar os preceitos de relações distanciadas, impessoais, em que as marcas de intimidade e de emoção devem ser atenuadas. O candidato deveria, assim, levar a seu texto elementos construtores de pouca evidência de *expressividade*.

Entre os recursos linguísticos-discursivos indicados para esse tipo de construção com distanciamento entre os interlocutores, tem-se a gradação do uso de 3ª ou 1ª pessoa. A construção em 3ª pessoa tende a estabelecer maior distanciamento entre os interlocutores, o qual é atenuado, se a opção for o emprego da 1ª pessoa do plural. A opção por esta última parece combinar a necessidade de escrever (dever-dizer) de

---

2 Os textos mencionados compuseram o *corpus* de análise de minha tese de doutorado *Redação no vestibular: a língua cindida*: 374 textos (1% do total de redações produzidas naquele ano). Para garantir a representatividade do perfil do vestibulando da Fuvest, foram requisitadas redações de candidatos da capital e do interior, com desempenhos diversos e assim distribuídas: redações de candidatos que não frequentaram curso preparatório para o vestibular (oriundos da rede privada e da rede pública); redações de candidatos que frequentaram curso preparatório para o vestibular (da rede privada e da rede pública); redações de treinamento (redações produzidas por indivíduos que ainda não concluíram o Ensino Médio e que realizam as provas para vivenciarem a situação de vestibular).

modo distanciado e o desejo de expor perspectivas subjetivas. A utilização da 1ª pessoa do singular aproxima os sujeitos envolvidos no ato comunicativo. Dá-se preferência, na dissertação, à escrita em 3ª pessoa ou em 1ª do plural, já que a interlocução assim construída, com maior frequência, atende à *expressividade* comedida requisitada pelo gênero.

Entretanto, é equívoco assumir que a opção por 3ª pessoa garante o distanciamento requisitado ou que o emprego de 1ª pessoa do singular, por si só, compromete a adequação ao gênero; é necessário observar o conjunto dos recursos empregados na composição dos textos.

Além do uso de 1ª ou 3ª pessoas, há outros elementos[3] que evidenciam maior *expressividade*, como indicado a seguir.

Do ponto de vista das classes gramaticais, os pronomes, especialmente o pronome de tratamento "você" e outros de 2ª pessoa, atribuem ao texto efeitos de aproximação entre os interlocutores.

No trecho transcrito do Exemplar-99, ocorrências de "você" e "te" são construções da norma popular e produzem, entre os sujeitos da interlocução, forte grau de intimidade, aspectos impróprios para dissertação:

> Ter um amigo é uma sensação de estar completo, pois é ele que te escuta, te diz o que você quer e o que pecisa ouvir, te ampara, te acalenta, fica feliz com a sua felicidade, te acompanha pela vida. E não é preciso estar juntos o tempo todo, a amizade te dá a segurança de saber que mesmo longe, o amigo estará perto quando preciso for.
>
> Exemplar-99.

Já no Exemplar-309, pode-se dizer que "você" é aplicado como sinônimo de termos menos pessoais – "você / se" e "com você / entre si", por exemplo – pelos quais pode ser facilmente substituído, assim, não desconfigura o gênero:

---

3 Não se pretende, neste trabalho, esgotar a relação de índices de *expressividade*; incluímos em nosso estudo aqueles que foram verificados nos exemplares e que se mostraram relevantes do ponto de vista da análise.

> Mesmo hoje é difícil de se encontrar pessoas em que você possa confiar, pessoas que tenham afinidades com você.
>
> Exemplar-309.

Os pronomes citados apareceram em 81 redações[4], criando situações de desvio em relação à pertinência de gênero; às vezes, comprometendo parcialmente o texto, às vezes, integralmente.

Outros recursos gramaticais realizam o movimento de aproximação entre os interlocutores. Por meio do modo imperativo do verbo, há um chamado ao engajamento do leitor às palavras do locutor. Com recurso dessa natureza, ainda enfatizado pelo termo "aconselho", o candidato do Exemplar-72 encerra o texto:

> É por isso que aconselho: não gaste tanto tempo criando novas tecnologias, não construa novos prédios, apenas faça um amigo, faça a amizade ser novamente atual.
>
> Exemplar-72.

O modo imperativo foi utilizado em outras 15 redações, marcando os textos com certo tom pessoal, conferindo, aos mesmos, maior *expressividade*.

O vocativo, forte recurso de manifestação de pouco distanciamento entre interlocutores, foi empregado apenas no Exemplar-170 – "prezado leitor" –, à moda de Machado de Assis, sem prejuízo do grau de *expressividade* requisitado:

> [...] dificilmente temos alguém próximo a nós com tais qualidades, alguém que realmente possa ser chamado de amigo, não colega, mas amigo, alguém para quem você possa ligar de madrugada para discutir o sentido da vida, estes nos são raros, prezado leitor, por isso devemos tratá-los com carinho [...]
>
> Exemplar-170.

---

4 Os valores quantitativos, neste trabalho, têm o objetivo de fornecer um panorama a respeito do aspecto em foco; não há intenções de dar tratamento estatístico aos dados.

Além desses recursos, há outros, como a pontuação. Em 97 produções, foram utilizados sinais de pontuação que, em geral, revelam um locutor mais envolvido com as próprias ideias, com o texto, seu encadeamento e seus efeitos sobre o interlocutor; mais expressivo, pois.

O emprego do ponto de interrogação (presente em 77 textos) predominou sobre a aplicação do ponto de exclamação (empregado em 10 textos; em três deles, associado ao ponto de interrogação) e das reticências (utilizadas em seis redações).

No Exemplar-50, ao utilizar a forma interrogativa retórica, o locutor conduz a reflexão do interlocutor, tecendo um diálogo sem, com isso, desviar-se das exigências dissertativas de distanciamento:

> [...] como poderia uma criança viver, de fato, sem amigos para brincar? Um adolescente, sem o apoio quase simbiótico de sua turma contra os adultos que, imaginam, os odeiam? Um jovem, ao ser traído pela esposa ou um casal quando todos os filhos se casam, como ficam sem os amigos?
>
> Exemplar-50.

Na Amostragem-17, o gênero fica comprometido pelo excesso de interrogações. O texto pode ser considerado uma crônica:

> Amizade?!
>
> Que é a amizade? Uma relação em que duas pessoas compartilham suas vidas entre si como se fosse para com sua família, mas esta escolhida com ajuda desse sentimento mútuo? Algo do tipo: "Conte comigo para o que der e vier", "amigo é para essas coisas" ou ainda: "Saiba que aqui terá sempre um amigo para acompanhar-te". É isso? Ou já se chama uma pessoa, muito mal conhecida, de amigo apenas por apresentarem ambos um relacionamento cordial, gentil, mas com um toque a mais de empatia? Qual dessas é aceita como definição ou seriam as duas perfeitamente aceitáveis? Teriam vários graus de amizade? E o que é um amigo verdadeiro? Existe afinal ou é construída uma amizade verdadeira ao longo do tempo? Quantas dúvidas esperando esclarescimentos!
>
> Exemplar-17.

Em todos os textos, com maior ou menor frequência, os candidatos utilizaram-se de marcas linguísticas que refletem juízo de valor, revelando maior *expressividade*. No excerto do Exemplar-56, transcrito a seguir, os termos grifados revelam as impressões do locutor acerca do que ele diz. As marcas, inseridas de modo equilibrado, conferem identidade ao texto e não comprometem a pertinência ao gênero:

> *É um equívoco* acreditar que se possa viver sem nunca ter conhecido a amizade. Para provar sua importância ela sobrevivera desde os mais remotos tempos da Antigüidade Clássica, passou pelas *trevas* da Idade Média, acompanhou a trajetória de diversos filósofos da Idade Moderna e *insiste* em estar presente, mesmo nos dias atuais.
>
> Esses últimos dias apresentam para muitos o individualismo como princípio *único* a nortear suas vidas. *Grande engano*, não percebem que a amizade *se faz* hoje, *mais do que nunca*, *necessária*.
>
> Exemplar-56, grifos meus.

Convém mencionar, ainda, a respeito da manifestação do eu-escritor-candidato, duas ocorrências particulares nos exemplares estudados. No Exemplar-319, o candidato coloca como título a expressão "Amorzade", acompanhada de um asterisco que remete a uma nota de rodapé "*Neologismo (amor+amizade)". O Exemplar-93 revela uma voz que comenta o texto. No início, esse comentarista registra: "[...] o fato de morarmos num país de 3º mundo e a experiência que a vida proporciona me tornam capaz de dissertar sobre esse assunto". Há nova intervenção desse comentarista ao final da redação: "Por ser um trecho, sem poesia e sem palavras bonitas, tento mostrar sem o clichê de palavras conhecidas o quanto amizade é importante".

As intervenções dessa natureza criam um plano paralelo de diálogo com o leitor. No caso da nota de rodapé, há preocupação com a clareza da expressão criada, respeito com o interlocutor; nos comentários, preocupação com possíveis questionamentos do interlocutor, preocupação em justificar o dito, mostra o que autoriza as declarações registradas. Tais recursos fornecem ao texto tons de *expressividade* mais marcados.

As redações analisadas segundo os parâmetros indicados foram classificadas em níveis. No "Nível A", foram reunidas as redações que apresentaram um grau de *expressividade* adequado ao gênero, desenvolvidas em 3ª pessoa, com ocorrências discretas de quaisquer outros índices de *expressividade*; ou em 1ª pessoa do plural, sem outros índices marcantes. No "Nível B", foram colocados textos redigidos em 1ª pessoa do plural e com ocorrências dos demais índices de *expressividade* que, no conjunto do texto, não comprometeram o caráter dissertativo da produção. Os exemplares em que houve ocorrência excessiva de elementos expressivos, incluindo o desenvolvimento em 1ª pessoa (singular ou plural), que comprometeram parcialmente as exigências do gênero. Foram agrupados no "Nível C" os exemplares em que houve ocorrência excessiva de elementos expressivos – incluindo o desenvolvimento em 1ª pessoa (singular ou plural) –, que comprometeram parcialmente as exigências do gênero. Foram agrupados no "Nível C" os exemplares em que houve ocorrência excessiva de elementos expressivos – incluindo o desenvolvimento em 1ª pessoa (singular ou plural) –, que comprometeram parcialmente as exigências do gênero. Os textos que, por sua excessiva *expressividade*, não puderam ser considerados dissertativos compuseram o "Nível D".

O Exemplar-58 é ilustrativo do "Nível A" de *expressividade*. O texto é desenvolvido em 3ª pessoa e não apresenta índices de forte manifestação de proximidade entre os interlocutores, como os pronomes de 2ª pessoa, verbos no modo imperativo, vocativo, pontuação emotiva ou expressões valorativas muito demarcadas:

EXEMPLAR-58 - Expressividade- "Nível A"

Importância da amizade

A importância da amizade, durante toda história da humanidade, foi ressaltada por muitos artistas - de filósofos a compositores. A infinidade de obras sobre o tema denuncia a atemporalidade, universalidade e valorização pelos seres humanos deste.

Independente do contexto socio-econômico ou do momento histórico, devido a sua própria natureza, os homens procuram por pessoas em que possam confiar e com quem consigam dividir aflições e

alegrias. Essa busca se dá porque um amigo, em qualquer tempo e lugar, é capaz de amenizar dores, ao sofrer com o companheiro, e potencializar felicidades, ao sentí-las simultaneamente, como já afirmava o filósofo Cícero na Antigüidade.

Outro fator que explica a importância da amizade na vida de um homem é a dificuldade de se encontrar verdadeiros amigos. Como escreveu Montaigne, o mundo é muito mais rico em relacionamentos baseados em conveniências do que em relações íntimas. Sendo as segundas mais raras, elas tendem a ser valorizadas e, por isso, verdadeiras amizades devem ser cultivadas cuidadosamente. Vale, ainda, ressaltar que mais significativo do que ter demasiados relacionamentos superficiais é possuir alguns poucos mas leais amigos.

A amizade mostra-se um tema que não deixa de ser atual jamais, pois é essencial para a existência humana. O tema, por mesclar diversos sentimentos como amor, confiança e lealdade é sempre necessário na vida de um homem.

O Exemplar-258, também componente do "Nível A", destaca-se devido à utilização de 1ª pessoa do singular em "parece-me" e "penso", a qual se manifesta discretamente no texto, mas não promove intimidade na interlocução. Pode-se dizer, inclusive, que, na medida exata, as duas inserções introduzem nuances de identidade no texto, a voz do locutor habilmente demarcada:

EXEMPLAR-258 - Expressividade - "Nível A"

Das Amizades

A amizade, assim como diversos outros valores e sentimentos humanos, sempre esteve presente, sobretudo nas artes, ao longo da história da humanidade. Trata-se de um valor extremamente instigante já que corresponde a uma das relações mais significativas que se estabelecem entre os seres humanos. Entretanto as reflexões atuais sobre a amizade podem diferir daquelas que foram feitas desde a antiguidade clássica.

Uma das idéias presentes no texto de Cícero "Da amizade" que elogia a absoluta semelhança entre os indivíduos que estabelecem entre si uma relação de amizade parece-me um pouco insuficiente se levarmos em conta as reflexões mais modernas sobre o tema.

Dessa forma, atualmente, teríamos também um elogio à diferença entre os indivíduos como se as particularidades de cada um fossem igualmente um fator de conservação da amizade. Uma pessoa não precisa ser igual à outra para lhe proporcionar amizade.

Outra questão recorrente tanto nas artes como na filosofia é a comparação entre o amor e a amizade. Na canção de Caetano Veloso temos a bela comparação do amor com a poesia (ambos mais tensos e concisos) e da amizade com a prosa (mais distendidas e duradouras) e a "preferência" do compositor pela segunda ("quem há de negar que esta lhe é superior?"). Penso no entanto, que não devemos estabelecer valores de superioridade ou inferioridade entre os dois sentimentos. Se amor é poesia e amizade é prosa, ambos são literatura.

Dessa maneira, a questão fundamental que deve ser colocada é a grandiosidade do valor humano "amizade" não importando de que forma ela se manifesta mas sim o fato de ser um dos sentimentos mais significativos para as relações humanas.

São vários os índices de *expressividade* presentes no Exemplar-320, ilustrativo do "Nível B":

EXEMPLAR-320 - Expressividade - "Nível B"

Amizade: Uma lição para a sociedade

A amizade é, sem dúvida, indispensável ao ser humano, no entanto, é cada vez mais raro ter bons amigos atualmente. Isto ocorre porque contruir laços afetivos demanda tempo, mantê-los exige tolerância, e nem sempre temos disposição para recomeçar.

"Você se sentará ali, todo dia, e com o tempo se aproximará um pouco", escreveu Exupéry. Este é o início de todas as amizade. Conhecemos pessoas que, com o passar do tempo, se aproximam e tornam-se tão íntimas, e nos sentimos tão à vontade em falar com elas, como se falássemos a nós mesmos. Porém, isto exige que nos voltemos mais para as relações humanas, do que para questões, meramente, financeiras. E nem sempre conseguimos, devido a sociedade em que vivemos.

Além disso, ao se relacionar com outras pessoas enfrentamos grandes desafios: como lidar com opiniões opostas a nossa, como

vencer os nossos preconceitos. E, muitas vezes, acabamos por magoá-las. Então, vem o grande dilema humano: Como reconhecer o erro e pedir perdão? E mais isto a amizade nos ensina.

Contudo, a perda da confiança, que duramente construímos, é inevitável. E, passamos por momentos em que cremos que o mundo é desconsertado, e nunca mudará, por mais que nos esforcemos. Mas, é necessário recomeçar, e um verdadeiro amigo merece mais uma chance.

Sendo assim, a amizade demonstra ser um instrumento eficaz para a transformação humana. Pois, através dela, temos exemplos claros, que com paciência, tolerância e "recomeços" é possível a edificação de ações grandiosas. É disso que a nossa sociedade contemporânea precisa: Tolerância e recomeço!

Concomitantemente ao uso de 1ª pessoa do plural, há termos que marcam graus de *expressividade* ou valoração das ideias – como "sem dúvida", "indispensável", "cada vez mais raro", "tão", "meramente", "grandes", "grande dilema humano", "duramente", "inevitável", "desconcertado", "nunca", "por mais que", "verdadeiro amigo", "claros", "grandiosas" –; trechos "[...] construir laços afetivos demanda tempo, mantê-los exige tolerância [...]"; o uso dos pontos de interrogação e de exclamação que expressam tanto juízo de valor quanto emoção, conferindo, com a referência de caráter poético – "O Pequeno Príncipe" –, um tom subjetivo, mas que, no conjunto, não comprometem o grau de expressividade exigido pela forma dissertativa.

O Exemplar-194 representa os textos de "Nível C" de *expressividade*:

EXEMPLAR-194 - Expressividade - "Nível C"

Há uma diferença brusca entre amigo e colega, e poucas pessoas conseguem diferenciá-los, tratando todos que conhecem como seu amigo e dizendo depois que não conseguem ser feliz com a amizade que possui, ou que a amizade expressa em músicas, textos e filmes não existe.

Pelo contrário, a amizade pura que traz felicidade existe sim, o que primeiro deve-se saber é essa diferença de amigo e colega.

Amigo é aquela pessoa que consegue lembrar do seu aniversário, que liga para acordar você e perguntar se está tudo bem; o amigo consegue fazer você sorrir quando está triste e rir com você quando está feliz, ele traz paz, felicidade e confiança. Já o colega, esse existe em qualquer lugar, você o encontra nos lugares mais inusitados possíveis, e pode ter certeza sempre no final fará alguma coisa para magoar você.

O que acontece no mundo atual, é que poucas pessoas, com todo esse pensamento individualista, não conseguem manter uma amizade com confiança - um amigo - e sim colegas; colegas do trabalho, colegas da facudade, colegas do bate-papo; pessoas que não precisam de um vínculo de sentimentos grande. E se hoje em dia são poucas as amizades verdadeiras, com o passar do tempo a tendência vai ser um aumento de colegas, com o respectivo aumento da individualidade.

Ao menos, é claro que o sentido verdadeiro de amizade seja divulgado ainda mais por músicas e textos que certamente nunca estarão desatualizados, mesmo que sejam de milhões de anos passados, porque a amizade verdadeira não muda e permanece até os finais dos tempos. Além da divulgação por pessoas que possui um amigo verdadeiro e já sofreu nas mãos de colegas, assim como eu.

A proximidade entre os interlocutores se constrói pela presença do termo "sim" (segundo e quarto parágrafos) e pelo emprego recorrente do pronome "você", no terceiro parágrafo, que desvia o texto das características dissertativas. A expressão "é claro" confere *expressividade* opinativa ao texto. No último parágrafo, a experiência pessoal[5] do locutor é explicitada: "assim como eu". São todas manifestações de uma voz mais particularizada que não se contém e irrompe do texto.

---

5 A seleção de conteúdos desenvolvidos no texto, bem como o enfoque selecionado também conferem voz ao texto, mas não foi objetivo deste trabalho analisar esses aspectos.

Destaca-se, no Exemplar-89, categoria "Nível D", o emprego da 1ª pessoa do singular acompanhado de conteúdos da vivência pessoal do locutor, em uma perspectiva também pessoal. Embora seja do tipo argumentativo, o texto não atende aos critérios de *expressividade* exigidos pela dissertação:

EXEMPLAR-89 - Expressividade - "Nível D"

UM AMIGO PARA O FINAL

Quando olhar para trás em minha vida, verei que os mais doces momentos estarão associados a pessoas e não a coisas. E perceberei que, por mais coisas que tenha tido, os sentimentos contidos nos pequenos gestos sempre teria marcado mais.

E, dentro desse rol de sentimentos, perceberei que alguns serão mais marcantes que outros, em especial os conectados a grandes paixões e grandes amizades.

Aliás, pensando bem, as grandes paixões começam, incendeiam, esfumaçam e acabam, só valendo realmente a pena se virarem grandes amizades.

Eu, como todos que conheço, tenho poucas e boas amizades de uma vida de décadas e, por vezes, de algumas semanas.

Como cada um deles, criei laços de fraternidade real, que sobrevivem ao silêncio, à distância, ao tempo e ao caos que rege nossas vidas. Porém, de um minuto para outro, se retomam como se não tivesse passado mais que uma hora desabrochando como uma flor no cactus.

Por conta disso, não existem bons ou maus amigos. Não é possível classificar algo assim. O mau é incompatível, por não coexistir com a palavra amigo. O bom é uma redundância per si.

Para encerrar, gosto de lembrar que o gesto maior de um amigo é dar a vida pelo outro.

Espero que em minha última hora, eles apareçam para ir em meu lugar.

As categorias assim definidas e analisadas geraram os perfis quantitativos de *expressividade* visualizados no Gráfico 1.

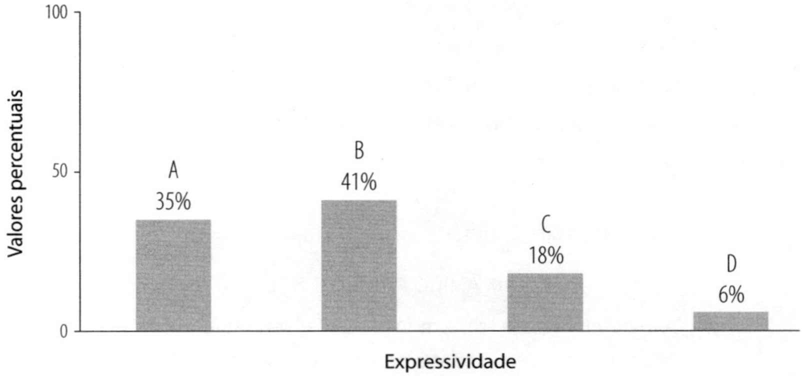

Gráfico 1 - Perfis de expressividade

Das 373 amostragens, 131 (35%) apresentaram adequação da *expressividade* em suas construções; em 152 (41%) ocorreu o uso de 1ª pessoa do plural e de índices que, no conjunto do texto, não comprometeram o caráter dissertativo da produção. Em 68 (18%) textos, o emprego de elementos de *expressividade* comprometeu parcialmente as exigências do gênero. O total de 22 (6%) textos, em virtude da *expressividade* excessiva, não atendeu às exigências do gênero.

O que nos evidenciam tais índices[6]?

Pontua Bakhtin (2000, p. 313-14, grifos do autor):

> [...] a experiência verbal individual do homem toma forma e evolui sob o efeito da interação contínua e permanente com os enunciados individuais do outro. É uma experiência que se pode, em certa medida, definir como um processo de *assimilação*, mais ou menos criativo, das *palavras do outro* (e não das *palavras da língua*). Nossa fala, isto é, nossos enunciados (que incluem as obras literárias), estão re-

6 Adotamos, aqui, as concepções de paradigma indiciário propostas por Guinzburg (1989) e utilizadas por Eco (2004), Abaurre (1997).

> pletos de palavras dos *outros*, caracterizadas, em graus variáveis, pela alteridade ou pela assimilação, caracterizadas, também, em graus variáveis, por um emprego consciente e decalcado. As palavras dos outros introduzem sua própria expressividade, seu tom valorativo, que assimilamos, reestruturamos, modificamos.

Para que ocorra o processo assim descrito, é necessário que as relações dialógicas entre o saber-dizer e o dever-dizer sejam bem harmonizadas, permitindo que os conhecimentos advindos de novas experiências e/ou requisições estabeleçam relações com os conhecimentos que já participam do lastro do indivíduo e sejam a ele incorporados e transformados, ampliando o universo desse indivíduo. Nas palavras de Bakhtin (2000, p. 348, grifos do autor): "[...] qualquer coisa criada se cria sempre a partir de uma coisa que é dada [...]. O *dado* se transfigura no *criado*".

Para os 24% de textos comprometidos (Níveis "C" e "D"), o *dado* não se transfigurou e os resultados evidenciam um descompasso entre o grau de *expressividade* prescrito pelo gênero requisitado e o saber-dizer do eu-escritor-candidato. Em graus diferentes, manifestações do "eu" se explicitaram, não permitindo que os saberes relativos à *expressividade* se consubstanciassem de modo adequado. Os 76% de textos dos níveis "A" e "B" revelam o predomínio de eus-escritores-candidatos que souberam aplicar os recursos linguísticos expressivos de modo ajustado aos parâmetros do gênero redação dissertativa de vestibular.

Souberam esses indivíduos, de fato, assimilar, reestruturar e modificar as palavras do outro, das requisições da proposta, transfigurando-as?

Embora não tenham sido proscritas, as vozes particulares advindas dos textos parecem revelar mais comedimento do que propriamente transfiguração. Esta última ofereceria ao interlocutor um texto mais uniforme, não deixando à mostra, como ocorreu em muitas redações que contemplaram os quesitos relativos à *expressividade*, discretas, mas inusitadas, manifestações impróprias ao gênero, reveladoras de tensões não resolvidas entre o saber-dizer e o dever-dizer.

O mencionado comedimento parece decorrer das práticas redacionais vigentes, as quais têm conduzido os eus-escritores-candidatos a confundirem a atenuada *expressividade* característica do gênero dissertativo de vestibular com a ideia de exclusão de qualquer voz de natureza mais particularizada.

Por mais que a voz social – da escola, do curso preparatório, do manual – proclame a proscrição do "eu", por mais que o candidato busque satisfazer tal máxima, as singularidades – adequadas ou não – das vozes dos eus-escritores-candidatos evidenciadas nos textos analisados, mesmo nos exemplares menos expressivos ("Nível A"), tornam possível entrever a pouco provável proscrição de matizes que conferem voz ao texto.

Em tal perspectiva, as práticas redacionais e seus conceitos precisam ser revisitados e direcionados ao entendimento dos processos de interlocução e da relação destes com os recursos liguísticos-discursivos disponíveis. É fundamental que a escola compreenda as dinâmicas de construção da *expressividade*, elimine as tensões do embate entre o saber-dizer e o dever-dizer.

Para não tornar o "eu" comedido, mas transfigurado, o eu-escritor-candidato precisa compreender que a dissertação de vestibular é calcada em pontos de vista particulares revestidos por formas construtoras de graus menores de *expressividade*. Precisa compreender que a proclamada impessoalidade não é factível.

Não se pode desconsiderar a existência de um "eu" que, embora atenuado em alguns gêneros, como na redação dissertativa de vestibular, sempre deixará, sim, um pouco de si nas consoantes, nas vogais, nas entrelinhas.

Referências bibliográficas

Abaurre, M. B. M. "Em busca de pistas". In: Abaurre, M. B. M; Fiad, R. S.; Mayrink-Sabinson, M. L. T. *Cenas de aquisição da escrita: o sujeito e o trabalho com o texto*. Campinas: Mercado de Letras/ALB, 1997. p. 13-36. (Leituras no Brasil).

Bakhtin, M. M. *Estética da criação verbal.* 3. ed. São Paulo: Martins Fontes, 2000. (Ensino Superior).

Castaldo, M. M. *Redação no vestibular: a língua cindida.* 2009. Tese (Doutorado em Educação) – Faculdade de Educação da Universidade de São Paulo (Feusp), São Paulo.

Eco, U.; Sebeok, T. *O signo de três*. São Paulo: Perspectiva, 2004. (Estudos, 121).

Ginzburg, C. "Sinais: raízes de um paradigma indiciário". In: *Mitos, emblemas e sinais: morfologia e história.* São Paulo: Companhia da Letras, 1989. p. 143-79.

parte IV Da teoria à prática: desafios na construção do ensino

8 A revisão de texto nos livros didáticos: em busca de sentido

ÉRICA DE FARIA DUTRA

O ato de escrever envolve muitas operações simultâneas, dentre elas a de revisar o texto. Isso implica algumas tomadas de decisão por parte do escritor.

Quando se trata de escritores inexperientes, como crianças entre 6 e 7 anos, é preciso que a escola proponha situações bastante planejadas para desenvolver nos alunos a disponibilidade de voltar ao próprio texto e relê-lo. Para isso, as atividades de produção escrita devem constituir uma situação efetiva de comunicação, o que necessariamente requer um destinatário. Dessa maneira, o aluno, ao revisar seu texto, precisa deslocar-se da função de escritor e olhar sob a perspectiva daquele a quem o seu texto se destina; colocar-se no papel do leitor. Mas o que a escola tem feito para trabalhar essa questão? Como os livros didáticos abordam esse tema? Este artigo pretende fazer um estudo exploratório de uma atividade de um livro didático e traçar um paralelo com o referencial teórico utilizado pelos autores da coleção de que o livro citado faz parte. Evidentemente, não se trata de fazer uma crítica pontual à coleção ou a uma atividade específica, mas ampliar a reflexão sobre a transposição didática usando como referência os princípios socioconstrutivistas, mais especificamente, sobre os critérios de proposição das atividades de produção e revisão de texto. Sem a pretensão de exaurir a análise do tema, consideramos que o estudo de caso aqui proposto pode contribuir para evidenciar paradoxos da realidade e desafios do ensino.

Os livros didáticos: um breve panorama

Val e Castanheiras (2005), em pesquisas realizadas em livros didáticos de Língua Portuguesa aprovados no Programa Nacional do Livro

Didático (PNLD), constataram que, nos livros de 1ª a 4ª série, a proposta de revisão aparece em 57% do conjunto das obras, enquanto nos livros de alfabetização, em apenas 22%. Em ambos os casos, é um número relativamente baixo, visto que é também por meio da revisão que o professor pode intervir e planejar situações ajustadas aos alunos, a fim de que reflitam sobre a linguagem escrita, melhorem o texto e com isso aprendam tanto o conteúdo trabalhado como o comportamento de um escritor. É importante ressaltar que a ausência de atividades de revisão na grande maioria dos livros didáticos de alfabetização deixa à mostra um paradigma: crianças pequenas não escrevem textos, ou, se escrevem, não é necessário revisá-los, pois essa é uma tarefa que não está ao alcance delas.

Muitos pesquisadores da área de linguagem (Lerner, 2002; Kaufman, 2008; Teberosky e Tolchinsky, 1997; Zaccur, 1999; Chartier, 1996; Ferreiro, 1999) afirmam que crianças entre 3 e 4 anos são capazes de produzir textos. O que ainda não conseguem é grafar convencionalmente, mas podem ditar para que o professor ou outro adulto escreva. Se produzem textos, podem perfeitamente rever certas formas de dizer, retificar o que escreveram e adequar melhor a linguagem, levando em consideração, de acordo com suas possibilidades, o destinatário.

O que está ainda muito presente nos livros didáticos de Ciclo I do Ensino Fundamental é a enorme valorização da gramática e da aquisição do código escrito, mostrando o "ranço" que existe em relação ao ensino da língua. Presos aos paradigmas do ensino tradicional e desconsiderando os princípios advindos das pesquisas realizadas nos últimos trinta anos, os livros reforçam a alfabetização como a mera associação de letras e sons (fonemas e grafemas) e o entendimento das regras ortográficas desse sistema.

No final da década de 1990, a publicação dos Parâmetros Curriculares Nacionais (PCN) representou um marco importante para o posicionamento teórico assumido pelo Ministério da Educação (MEC) com base em estudos realizados em todo o mundo desde os anos 1980: o

construtivismo. Trata-se de uma concepção que considera os alunos seres pensantes, capazes de interagir com o objeto de conhecimento, levantando hipóteses e conferindo-as, sendo o professor o mediador desse processo. Ao lado disso, com a assimilação das obras de Bakhtin e das pesquisas embasadas no referencial sócio-histórico, modificou-se também a maneira de entender a língua. Ela passa a ser vista como produção viva, dinâmica, que se transforma a cada nova interlocução. O sentido das palavras só se dá por meio da interação, tendo em vista uma prática social. Com base nessas premissas, o ensino da gramática deve estar a serviço do texto e do discurso, sugerindo a relevância de focar o trabalho pedagógico na produção de textos.

A partir dessa mudança de referência, houve um grande interesse por parte dos autores de livros didáticos em se adequar às exigências do MEC, a fim de que suas coleções conseguissem aprovação no PNLD. No que diz respeito ao ensino da língua, alguns critérios desse programa são: apresentar uma gama variada de gêneros textuais, considerar o destinatário e o contexto de circulação do texto, além de propor aos alunos planejamento, discussão sobre a forma composicional e revisão do texto (Val, 2003). No entanto, são poucos os livros que consideram tais requisitos.

Extraída de um livro didático bastante difundido no mercado, a proposta de atividade analisada a seguir, e o seu referencial teórico destinado aos professores, pretende ser um exemplo do ajustamento inadequado (reducionista ou insuficiente) dos livros didáticos aos requisitos das novas concepções.

O referencial teórico do livro: discutindo concepções

O livro escolhido para análise foi *Aventura da linguagem – 1ª série,* de Luiz Carlos Travaglia, Silvana Costa e Zélia Almeida, da editora Dimensão, publicado no ano de 2005. A fim de orientar os professores sobre as condições necessárias para produzir um texto, os autores da

coleção citam a obra *Portos de passagem* (Geraldi, 1997), na qual o autor afirma que a produção de texto precisa ser o ponto de partida e o de chegada para o processo de ensino-aprendizagem, de modo que garanta na escrita a sua dimensão essencialmente dialógica. Para tanto, ao escrever um texto, é preciso ter o que dizer, um motivo para dizer, para quem dizer; o escritor precisa se assumir como locutor e escolher estratégias para realizar tudo isso. Como as atividades para os alunos são pautadas nesse referencial, o livro didático oferece vários tipos de propostas, tais como:

> [...] o estudo da estrutura do texto para o aluno perceber que todo texto tem um plano, uma organização; os exercícios de vocabulário; as atividades de "A construção do texto na fala e na escrita", em que se discutem os vários recursos da língua para um mesmo fim e as diferenças entre eles; as próprias atividades de leitura de textos e de discussão; a apresentação e o estudo de diferentes gêneros de textos. (Travaglia, 2005, p. 11-12)

Um pouco adiante, Travaglia aponta outras condições necessárias para a produção de texto: Onde? Quando? Em que meio ou suporte o texto será veiculado?

Ainda sobre esse aporte teórico, o autor traz alguns fundamentos, ressaltando que todo texto precisa ser planejado, estar contextualizado e, depois de pronto, ser revisado. Destaca que é importante o trabalho com a diversidade textual e também que é necessário realizar propostas de escrita com certa regularidade.

Travaglia (2002) assume a interação comunicativa como meta de trabalho do professor de língua portuguesa. Para isso, acredita que é necessário possibilitar ao aluno um conhecimento cada vez maior dos recursos da língua para que consiga efetivamente se comunicar, seja por meio da escrita, seja por meio da fala:

> O trabalho com todos os recursos da língua (ou pelo menos com a maioria deles) é o desejável. Na lista de recursos podem ser incluí-

> dos: a) todas as unidades linguísticas: fonemas, morfemas, palavras, [...], textos, etc.; b) as diferentes construções; c) as categorias da língua (número, gênero, pessoa, tempo, modalidade, voz, aspecto); d) recursos supra-segmentais como entonações, pausas, altura de voz, ritmo; e) outros. (Travaglia, 2005, p. 201)

Na referida obra de Travaglia (2002), fica evidente um ensino pautado em tipologia textual, visto que é por meio de textos que ocorrem a comunicação e a interlocução entre as pessoas. Acredita-se que o trabalho com produção de textos de diversos tipos permite um estudo sobre os diferentes recursos da língua. Sendo as situações interlocutivas diversas, os recursos linguísticos utilizados nos vários tipos de textos também se diferenciam e são necessários na tentativa de construção de sentidos.

Tanto Geraldi (1997) quanto Travaglia (2002) assumem que o ensino da língua precisa ter como objetivo o desenvolvimento da competência comunicativa. Ambos concordam que a gramática precisa estar a serviço do texto. Porém, Travaglia utiliza o texto como pretexto para o ensino da gramática, uma vez que dá ênfase à aprendizagem de diferentes recursos linguísticos. O próprio referencial teórico ressalta que o livro didático oferece atividades para que os alunos observem a estrutura do texto e o vocabulário como situações didáticas a fim de escolher estratégias em relação ao que dizer, para quem e por que dizer. Já para Geraldi, o importante é ter primeiro um contato amplo com a linguagem e só depois levar o aluno a ter consciência dos aspectos inerentes a ela. Dessa forma, o ensino deixa de ser reconhecimento e passa a ser produção, uma perspectiva de trabalho pedagógico que está em total consonância com sua concepção da linguagem.

Geraldi (1997) afirma que é por meio da linguagem que o homem é capaz de compreender o mundo em que vive e nele agir. Mas a linguagem só tem significado real no momento em que é enunciada. É na interlocução que produzimos linguagem e nos constituímos como sujeitos. Sendo o objetivo da escola formar leitores e escritores compe-

tentes, o ensino precisa estar pautado num trabalho com a linguagem, e não sobre ela. Dessa forma, é focando no processo interlocutivo que o sujeito pode estar em contínua constituição, assim como a própria língua, que não pode ser entendida como um sistema pronto e acabado. Considerando que o sujeito não está pronto, ou seja, que ele vai se completando e se construindo nas suas falas, as interações sujeito-linguagem só podem acontecer num contexto social e histórico mais amplo. Isso é o que o autor chama de "trabalho linguístico"; a linguagem está sempre se constituindo nos processos de interação, trabalho que o sujeito realiza na construção dos sentidos.

Por isso, a aprendizagem da língua não se dá pela incorporação de itens lexicais, sintáticos, pelo conjunto de máximas ou princípios que regem a língua ou por uma estrutura fixa para a construção de um texto. É justamente em outra perspectiva que se justifica um trabalho que considera as hipóteses infantis onde a proposta didática esteja contextualizada, numa rede ampla de significados, e o que se tem a produzir esteja a serviço de uma situação comunicativa. É trabalhando pela linguagem, na linguagem e com a linguagem que os sentidos se constroem e se constituem como diálogos, uma condição que, segundo Bakhtin (2006), é fundamental para conceber a linguagem.

Uma escola que valoriza a interação dialógica acredita que o aluno é um agente cultural, que tem seu discurso, fazendo-se ouvir e recriando-se no seio de outras vozes. O papel dessa instituição é trabalhar as múltiplas vozes que a sala de aula possui, sendo o diálogo a forma suprema dessa polifonia. Por isso, o trabalho com os gêneros discursivos precisa estar presente na escola, pois são formas enunciativas, não apenas linguísticas, e dependem muito mais da situação comunicativa e da cultura do que da palavra e das regras do sistema. As regras gramaticais, por sua vez, só têm sentido e só se justificam no contexto da enunciação comunicativa.

Em síntese, quando se concebe a língua escrita em uma perspectiva comunicativa construída com base em uma situação necessariamente

dialógica e contextualizada, fica aos educadores o desafio de trazer para a sala de aula textos em diferentes gêneros e com diferentes propósitos, recriando, a partir deles, situações de efetiva produção de sentidos e negociação de significados, e assim criar a oportunidades de promover a reflexão linguística.

Análise de uma atividade de produção de textos

A atividade escolhida foi a elaboração de legenda para uma foto em que o aluno estivesse com a família num dia especial. O que se pretende ao analisar tal produção é discutir a forma como foi encaminhada, principalmente no que diz respeito à revisão, pensando nas condições didáticas necessárias para o bom desenvolvimento da proposta, e articular isso com as orientações dadas ao professor e com o referencial teórico assumido.

Conforme mencionado, as últimas pesquisas comprovam cada vez mais a necessidade de um interlocutor para as produções realizadas pelas crianças. A maior parte dos livros didáticos não oferece uma indicação adequada de destinatário (Val, 2003). Essa falta ou imprecisão faz que o aluno não consiga construir uma imagem do leitor num processo dialógico. E quando o livro oferece um destinatário, é muito frequente que seja fictício, o que prejudica uma interlocução efetiva.

Outra problemática é a pouca preocupação com o contexto social de circulação e o suporte desses textos. Há uma predominância de exposição das produções dos alunos no mural da escola, sendo esta uma das únicas possibilidades de encontro entre autores e leitores. É necessário mais. A escola precisa favorecer uma diversidade de situações que se utilizem da função social que a escrita contempla. Dessa forma, ajudará os alunos a compreender a escrita em sua dimensão pública e dialógica.

Em uma atividade proposta pelo livro didático a criança deve escolher uma foto ou fazer um desenho em que esteja com a família em um momento especial e escrever uma legenda. A consigna dada ainda abrange outras condições para a produção: "Crie um texto tipo legenda, informando: local, nome das pessoas representadas, o que estão fazendo e a data do acontecimento" (Travaglia, 2005, p. 172).

Antes de fazer a proposta, o livro traz uma definição do gênero. Em forma de "você sabia", o autor explica: "Legenda é o texto explicativo que acompanha uma foto ou uma outra imagem, como o exemplo da página seguinte" (Travaglia, 2005, p. 171). O exemplo dado é a foto de duas pessoas passeando pela praia, na beira da água, com uma legenda curta escrita: "Passeio na praia".

Ao término da textualização é proposta uma revisão em duplas. Os alunos devem trocar o texto com o colega e dar sugestões de mudanças visando a melhoria do texto. Para orientar o trabalho, o professor precisa dizer que tipo de sugestão os alunos deverão considerar ao analisar a produção do colega.

Analisando a atividade proposta, o autor faz um encaminhamento bastante detalhado para que o aluno consiga produzir uma legenda, e no final pede uma revisão. A atividade apresenta o que dizer – local, nome das pessoas que aparecem na foto, o que estão fazendo e a data –, porém não oferece um motivo nem um destinatário real para o texto a ser produzido (o motivo e para quem dizer). Também não há nenhuma explicação sobre os objetivos de tal atividade. Isso interfere no desenvolvimento do texto, visto que os alunos não podem pressupor a razão do trabalho. Dessa forma, fica comprometida a possibilidade de o aluno assumir-se como locutor e pensar em estratégias para realizar a produção. Quando o aluno é convidado a escrever na escola sem conhecer a finalidade de seu texto, pode pensar que a escrita serve para obter uma nota e que o fim é escrever para aprender a escrever. Nessa escrita não há o menor movimento de vida, não há experiência em ser ou fazer-se leitor e escritor em uma perspectiva dialógica.

Geraldi (1997) faz uma distinção interessante entre produção escrita e redação. A primeira é um texto produzido na escola e a outra é um texto produzido para a escola, e a diferença entre ambas é, sem dúvida, a motivação e o sentido da atividade. Com base nesse critério, fica claro que o que foi proposto está mais próximo de uma redação escolar. Travaglia (2005), como mencionado anteriormente, acredita que a meta do ensino de língua deva ser desenvolver a competência comunicativa. Isso implica apresentar propostas de escrita em uma situação instaurada de interlocutores, o que, de fato, não acontece no exemplo em questão.

Pensando na escrita como objeto de análise e considerando a maneira como os alunos aprendem, especialistas da didática contribuem de maneira prática para a solução dos problemas enfrentados em sala de aula. Lerner (2002, p. 53) afirma que: "Planejar, textualizar, revisar mais de uma vez [...] são os grandes comportamentos do escritor". Esses comportamentos não fazem parte de um processo fechado em si mesmo nem linear; pelo contrário, eles ocorrem ao mesmo tempo, visto que, ao escrever um texto, estamos sempre replanejando, lendo novamente e fazendo as modificações necessárias. O papel do professor no planejamento, por exemplo, é possibilitar diferentes momentos de discussão sobre o que e como escrever. Nesses espaços de reflexão, o conteúdo do texto e a forma de expressá-lo vão se definindo e, com essa estratégia, o professor estará promovendo variadas formas de pensar sobre o texto antes de propor a escrita. Por isso, é fundamental que o aluno conheça o propósito do texto a ser produzido, pois, considerando o leitor, ele poderá tomar decisões mais adequadas no momento da textualização.

Um critério valorizado pelo PNLD é a indicação do gênero textual. A maioria das coleções apresenta uma variedade grande de gêneros, mas muitas se limitam a indicá-los sem se preocupar com os objetivos e com seu uso social. A familiarização com o gênero é uma questão imprescindível quando se quer produzir um texto. É necessário que o aluno tenha um amplo contato com textos para que possa observar, refletir e levan-

tar as principais informações sobre o texto que precisa escrever. Por isso, as situações didáticas devem viabilizar experiências e reflexões.

No caso analisado, o professor deveria ampliar o repertório, trazendo à sala de aula legendas de diferentes tipos e lendo-as para os alunos e outras para que lessem sozinhos. Com base nisso, professor e alunos discutiriam as principais características do texto em questão e pensariam sobre a produção a ser escrita. Para tanto, planejar o que irão escrever é fundamental, ou seja, pensar juntos quais são as informações mais relevantes, o que não devem deixar de escrever. Entretanto, na atividade discutida, a tarefa de produção escrita foi dada sem que o aluno precisasse pensar sobre o assunto.

Da forma como foi encaminhada, Travaglia (2005) parece pressupor que apenas uma explicação sobre o gênero é suficiente para que os alunos consigam escrever textos de qualidade. Além disso, a foto e a legenda inseridas na atividade não servem como modelo para os alunos, uma vez que não apresentam nenhuma das informações pedidas às crianças (nome, contexto e data). As condições dadas pelo livro fazem da proposta uma mera atividade de redação, um exercício de escrita.

O próprio livro didático traz algumas orientações gerais no referencial teórico para auxiliar o professor no momento do planejamento: "O(A) professor(a) deve ajudar o aluno a fazer um plano de seu texto: o que vai ser falado, ou seja, que informações vão ser representadas? Em que ordem? Quais são as ideias fundamentais e quais são as subdivisões de cada ideia básica?" (Travaglia, 2005, p. 28).

A despeito do princípio proclamado, na atividade analisada, o autor é quem fornece tudo o que os alunos precisarão escrever. Na mesma parte do referencial teórico, Travaglia (2005, p. 28) afirma que, "[...] como o(a) professor(a) poderá observar, em muitas atividades de produção de texto, o plano está sugerido no livro [...]. Se o(a) professor(a) quiser, pode, nesses casos, discutir o plano com os alunos e detalhá-lo etc.".

Podemos perceber que a diretividade da proposta rouba da situação didática a possibilidade de construção focada no aluno.

A textualização é um dos momentos em que o professor pouco intervém, pois os alunos, principalmente os que estão em processo de aquisição da escrita, precisam se concentrar em muitas variáveis: com que letra vão escrever, o que dizer e a maneira como vão dizer, entre outras. Nessas situações, ele auxilia os alunos quando é solicitado. O momento crucial de intervenção do professor se dá em atividades de revisão. É este processo de voltar ao texto, relendo, refletindo, repensando sobre os problemas encontrados que permite aos alunos a apropriação da tessitura textual. Mas a revisão de um texto só se justifica diante de um leitor efetivamente situado. Por isso, a situação comunicativa definida é essencial para que a revisão tenha sentido, pois, dessa maneira, essa prática permitirá o sucesso da interlocução, justamente pela possibilidade de o autor se colocar no papel do leitor. Nessa perspectiva, o autor pode analisar e refletir sobre o texto, visando o entendimento do seu destinatário. Além disso, a situação pode potencializar discussões interessantes sobre os aspectos discursivos (coesão, coerência, referenciação etc.) e notacionais (ortografia, pontuação etc.).

Castedo ([s.d.]), pesquisadora da didática no ensino de língua escrita, ressalta algumas condições específicas para o trabalho com revisão: o aluno, quando leitor fluente, deve fazer a primeira revisão sem nenhuma especificação do professor; se forem necessárias outras revisões, o professor pode escolher um aspecto específico e propor que os alunos pensem sobre ele no texto produzido. Outro princípio importante é a proposição de situações de revisão alguns dias depois do momento da textualização, pois, dessa maneira, os alunos, principalmente os da faixa etária analisada, conseguirão se posicionar realmente como leitores do texto. É essencial a troca de opiniões entre colegas colocados na situação de leitores críticos, mas a decisão de mudança é do sujeito-autor.

Pensando na atividade analisada, a não constituição de uma situação comunicativa pode ser considerada uma falha, porque a tarefa de revisar, sem considerar a interlocução, se torna pouco significativa. Entretanto, é preciso reconhecer o mérito da proposta no que diz respeito à

interatividade (e, consequentemente, à troca de saberes) entre os alunos no momento da revisão.

As orientações ao professor para o trabalho de revisão dadas no livro são chamadas pelo autor de "refazimento/reescritura" do texto. Nessa parte, os autores ressaltam que o professor deve: "[...] promover mais de uma sessão de reescritura para aperfeiçoar pontos diversos, sendo necessário ler os textos dos alunos para observar e fazer o levantamento de aspectos que devem ser objeto de atividades em sala de aula" (Travaglia, 2005, p. 172).

Porém, na atividade proposta, isso não ocorre. Apesar desses problemas no encaminhamento, vale ressaltar o mérito da interlocução quando os alunos são convidados a voltar ao texto e relê-lo e a participar de momentos de revisão entre pares.

Considerações finais

A revisão, como tarefa do escritor, precisa ser concebida como um procedimento inerente à apropriação de habilidades textuais. Além disso, precisa estar pautada em um trabalho que considere o processo interlocutivo e as diferentes propostas didáticas como diretrizes para proporcionar situações de aprendizagem significativas. Nessa prática, as crianças não aprendem de forma isolada: é na interação com outras crianças que podem refletir e repensar sobre o texto. A revisão textual é, portanto, um momento privilegiado de reflexão sobre o texto finalizado, o que torna possível ao aprendiz voltar à sua produção como leitor e analisar aspectos de caráter discursivo e notacional.

Infelizmente, o que se percebe em muitas salas de aula são práticas ainda reducionistas, que têm como objetivo apenas ensinar a escrever, sem que haja critérios para a escolha do gênero textual, dos temas e, principalmente, dos propósitos. A revisão precisa estar presente nas salas de aula sempre que a criança escreve um texto a um leitor real, o que é pouco frequente nas práticas escolares (Val e Castanheiras, 2005). É comum o professor dizer que realiza propostas de revisão,

mas, na verdade, o que faz é apontar os erros para os alunos e pedir que eles corrijam. Outras vezes, a revisão é somente entendida como uma prática desenvolvida para correções de erros ortográficos e gramaticais. A partir disso, todo o processo de reflexão fica prejudicado. É preciso considerar as diferentes formas de escrever que dependem do uso e da situação comunicativa e as implicações para a realização de tal tarefa.

A análise da atividade de Travaglia sugere que a formação do revisor de texto na escola precisa ser mais cuidada, visto que uma grande parte dos livros didáticos não aborda esse tema e, quando propõem situações de revisão, muitas delas são equivocadas ou insuficientes. É necessário entender o livro didático como um apoio para o trabalho do professor em sala de aula e não como o único objeto de aprendizagem – o que frequentemente acontece na realidade das escolas.

A escola necessita de práticas que levem em consideração a construção do saber pelos aprendizes. Aprender a escrever é muito mais do que discorrer sobre um tema pedido; implica colocar os alunos diante de desafios reais de escrita. Para isso, a revisão torna-se essencial dentro de um processo que considera a escrita como construção e a língua como recurso essencialmente dialógico.

Referências bibliográficas

BAKHTIN, M. *Marxismo e filosofia da linguagem*. 12. ed. São Paulo: Hucitec, 2006.

CASTEDO, M. *A revisão de textos na escola: situações didáticas e estratégias elaboradas pelos alunos*. Projeto Revisión e Intercambio. Mimeo. [s. d.].

GERALDI, J. W. *Portos de passagem*. 4. ed. São Paulo: Martins Fontes, 1997.

LERNER, D. *Ler e escrever na escola: o real, o possível e o necessário*. Porto Alegre: Artmed, 2002.

VAL, M. G. C. "Atividades de produção de textos escritos em livros didáticos de 5ª a 8ª séries do ensino fundamental". In: ROJO, R.; BATISTA, A. A. G. (orgs.). *Livro didático de língua portuguesa, letramento e cultura da escrita*. Campinas: Mercado de Letras, 2003.

VAL, M. G. C.; CASTANHEIRAS, M. "Cidadania e ensino em livros didáticos de alfabetização e de língua portuguesa de 1ª a 4ª série". In: VAL, M. G. C.; MARCUSCHI, B. *Livros*

didáticos de língua portuguesa: letramento, inclusão e cidadania. Belo Horizonte: Ceale/Autêntica, 2005.

VAL, M. G. C.; MARCUSCHI, B. (orgs.). *Livros didáticos de língua portuguesa: letramento e cidadania*. Belo Horizonte: Ceale/Autêntica, 2005.

TRAVAGLIA, L. C. *A aventura da linguagem: 1ª série*. Belo Horizonte: Dimensão, 2005.

_______. Tipos, gêneros e subtipos textuais e o ensino da língua materna. In: BASTOS, N. B. (org.). *Língua portuguesa: uma visão em mosaico*. São Paulo: Educ/Inep, 2002. p. 201-14.

parte V Professores alfabetizadores e os caminhos da formação docente

9 A aprendizagem e a língua escrita na perspectiva do professor alfabetizador

MARIA APARECIDA VEDOVELO SARRAF

Sabe-se que subjacentes a todo ato educativo encontram-se concepções que sustentam a prática pedagógica, sejam elas conscientes ou não. Entendendo que os conceitos não são estáticos, consequentemente, a prática da sala de aula é repleta de ideias que se relacionam; uma realidade a cuja complexidade o professor não pode estar alheio. Muitas vezes, o que faz a diferença na qualidade de ensino é a compreensão clara do professor acerca de tais ideias, o que constituirá a base para a sua ação, não como mero repetidor de fórmulas, mas como planejador de práticas pautadas em uma teia articulada de fundamentos e princípios; alguém que tem critérios (e, portanto, mais segurança) para propor intervenções pedagógicas.

A prática alfabetizadora, nesse sentido, pressupõe, em maior ou menor grau, a compreensão de ideias sobre a língua escrita e o processo de ensino-aprendizagem e, como consequência, a reflexão sobre as mudanças em tais concepções. Como produto histórico-cultural, elas são expressas, entre outras possibilidades, pelos estudos e debates promovidos pelas várias áreas do conhecimento.

Os estudos de Ferreiro (1990, 1991, 1993, 2001) sobre a aquisição da língua escrita partem do conceito de criança piagetiano, aquela que "tenta compreender o mundo que a rodeia, que formula teorias experimentais acerca desse mundo; uma criança para quem praticamente nada é estranho" (Ferreiro, 2001, p. 18).

Desse modo, o novo olhar que hoje temos sobre o ensino da língua escrita é fruto da abordagem relacional entre a criança, o objeto de co-

nhecimento e o processo de ensino-aprendizagem, uma referência indisponível no campo teórico de anos atrás (Weisz, 2002).

Contrapondo-se, por um lado, ao foco privilegiado pelos escolanovistas, que se pautavam no processo de aprendizagem, secundarizando o seu produto[1], e, por outro, ao modelo empirista, que concebe o saber como algo que está "fora" do sujeito e o conhecimento como recepção passiva do aluno, a concepção construtivista vai abordar o ensino-aprendizagem com base na ideia de um sujeito que pensa e constrói novas teorias explicativas na busca de superação de hipóteses elementares e da compreensão da lógica das coisas.

Se a primeira abordagem incorre em práticas espontaneístas e a segunda em propostas bastante diretivas, o modelo de ensino decorrente dos pressupostos construtivistas propõe a "aprendizagem pela resolução de problemas". Como explica Weisz (2002, p. 34):

> O modelo de ensino atualmente relacionado ao construtivismo chama-se aprendizagem pela resolução de problemas e pressupõe uma intervenção pedagógica de natureza própria. Quando falamos de aprendizagem pela resolução de problemas não estamos nos referindo aos clássicos problemas escolares de matemática, e sim à utilização, como núcleo das situações de aprendizagem, de situações-problema. Temos disponível agora um modelo de ensino que, reconhecendo o papel da ação do aprendiz e a especificidade da aprendizagem de cada conteúdo, propõe que a didática construa situações tais que o aluno precise pôr em jogo o que ele sabe no esforço de realizar a tarefa proposta.

No que concerne à aprendizagem da língua escrita, como apontaram os estudos de Ferreiro e Teberosky (1990), a criança constrói, testa, descarta e reconstrói hipóteses sobre a língua e seus usos por meio de sua participação em atos de leitura e escrita. Mais do que escrever alfa-

1 Modelo que se convencionou chamar de "aprendizagem pela descoberta", baseado exclusivamente no interesse da criança.

beticamente, aprende-se também as funções sociais da escrita e o modo como os textos se organizam.

Portanto, as concepções do professor sobre a língua escrita, sobre "o que e como se ensina" e "o que e como se aprende" são fundamentais para a orientação de sua prática.

Se, tal como no ensino tradicional, concebermos a aprendizagem como aquisição parcelada e linear do conhecimento e reduzirmos o ensino da língua ao domínio do sistema alfabético, provavelmente, a prática da alfabetização ficará restrita à apresentação da língua de forma fragmentada, baseada na cópia, no ditado e na memorização, priorizando uma leitura mecânica para só depois ensinar a criança a ler de maneira compreensiva.

Se o professor, no entanto, vislumbrar a complexidade da língua e do processo de ensino-aprendizagem, deverá apresentá-la aos seus alunos de maneira que eles a compreendam, nas palavras de Weisz (2002), por inteiro, não bastando apenas colocar a criança em contato com o material escrito. Conforme Ferreiro (2002, p. 102), a intervenção do adulto/professor:

> [...] é imprescindível, porque é preciso fazer o texto falar (a não ser que se acredite na história do Tarzan, que aprendeu a ler sozinho com os livros que ficaram na cabana). Não basta estar em um ambiente letrado para descobrir que relação mágica têm essas marcas com uma língua que, além disso, acontece de maneira diferente da língua que conhece antes dessa interação. É aí que essa intervenção é social, e como é.

Desse ponto de vista, é preciso que o professor crie situações didáticas que possibilitem às crianças vivenciar, na sala de aula, os usos sociais da escrita, compreendendo as características dos diferentes gêneros textuais, em situações comunicativas específicas e reais e, assim, compreender o sistema pelo qual a língua é grafada, pois, como afirma Weisz (2002, p. 60):

> Para alguém ser capaz de ler com autonomia é preciso compreender o sistema alfabético, mas isso apenas lhe confere autonomia. Qualquer um pode aprender muito sobre a língua escrita mesmo sem poder ler e escrever autonomamente. Isso depende de oportunidades de ouvir a leitura de textos, participar de situações sociais nas quais os textos reais sejam utilizados, pensar sobre os usos, as características e o funcionamento da língua escrita. Para os construtivistas – diferentemente dos empiristas, para quem a informação deveria ser oferecida da forma mais simples possível, uma de cada vez, para não confundir aquele que aprende – o aprendiz é um sujeito, protagonista do seu próprio processo de aprendizagem, alguém que vai produzir a transformação que converte informação em conhecimento próprio. Essa construção, pelo aprendiz, não se dá por si mesma e no vazio, mas a partir de situações nas quais ele possa agir sobre o que é objeto de seu conhecimento, pensar sobre ele, recebendo ajuda, sendo desafiado a refletir, interagindo com outras pessoas.

Com base em resultados observáveis de várias experiências pedagógicas e de estudos correlacionados (Teberosky,1991; Grossi, 1990; Weisz, 2002; Lerner, 2002; Curto, Morillo e Teixidó, 2000; Kaufman, 1998; entre outros), Ferreiro (1993) apontava, já no início da década de 1990, a relevância de certos objetivos desde o início da alfabetização: a compreensão do sistema de representação da linguagem (o sistema alfabético); a compreensão das funções sociais da escrita e suas respectivas características; a leitura compreensiva e a produção de diferentes textos, que correspondem à diferentes expectativas e registros da língua e, por fim, o desenvolvimento de uma atitude de curiosidade e falta de medo da língua.

Ao lado dessa perspectiva, a abordagem sócio-histórica chama a atenção para o papel que a interação pode ter na apropriação dos mecanismos discursivos.

Além da aprendizagem da escrita como sistema linguístico autônomo e convencional, trata-se de uma prática fundamental para a criança que, transitando entre o pensamento primitivo e o adulto, se apropria

também de um pensamento cultural do mundo letrado. Nesse sentido, assim se reconfigura o papel do professor alfabetizador:

> [...] é necessário que haja intervenção, no que diz respeito à questão específica da alfabetização, por um lado o desenvolvimento das capacidades de leitura e escrita se apoia na imersão da criança em um mundo que utiliza a palavra escrita. Por outro lado, esse desenvolvimento se apoia fortemente em processos de intervenção deliberada, que ocorrem tipicamente na escola, para que a criança possa dar o salto qualitativo necessário à apreensão do sistema completo, sua estrutura, usos e funções. (Oliveira *apud* Castorina; Ferreiro, 1995, p. 68)

A concepção dialógica de Bakhtin (1997) requer compreender a linguagem como produção de discursos que se manifestam linguisticamente por meio de textos. Estes, por sua vez, organizam-se em diferentes gêneros. Por isso, muitos autores (Geraldi, 2000; Soares, 1995; Zaccur,1999; Smolka,1999; Rojo, 2002; Costa Val, 2003, entre outros) configuram a sala de aula como um espaço de interação verbal, onde alunos e professores confrontam-se por meio de seus textos, saberes e modos de expressão. À escrita como domínio de um sistema (tão conhecido pela escola tradicional) acrescente-se a escrita como prática cultural historicamente situada que, como tal, não pode se dissociar da interação entre os homens. Por isso, ler e escrever são, essencialmente, práticas contextualizadas de diálogo.

Para Geraldi (2000, p. 22),

> O texto (oral e escrito) é precisamente o lugar das correlações: construído materialmente com palavras (que portam significados), organiza estas palavras em unidades maiores para construir informações cujo sentido/orientação somente é compreensível na unidade global do texto. Este por seu turno, dialoga com outros textos sem os quais não existiria. Este *continuum* de textos que se relacionam entre si, pelos mesmos temas de que tratam, pelos diferentes pontos de vista

> que os orienta, pela sua coexistência numa mesma sociedade, constitui nossa herança cultural.

Sob essa abordagem, o texto, utilizado como unidade de ensino/aprendizagem, constitui um lugar de entrada para o diálogo, o que permite situar o aluno como locutor e como um participante ativo desse diálogo.

Quanto à alfabetização inicial especificamente, os Parâmetros Curriculares Nacionais (PCN), pautados nos princípios e concepções descritos, propõem o ensino do sistema alfabético simultaneamente ao da linguagem que se usa para escrever, considerando o texto como unidade de ensino para o desenvolvimento das habilidades linguísticas como falar, escutar, escrever e ler. Isso porque

> O domínio da língua tem estreita relação com a possibilidade de plena participação social, pois é por meio dela que o homem se comunica, tem acesso à informação, expressa e defende pontos de vista, partilha ou constrói visões de mundo, produz conhecimento. (Brasil, 1997, p. 23)

Desse modo, ao retomar a afirmação de que a prática docente está repleta de concepções e princípios, as questões que se colocam são: como o professor tem incorporado tais princípios? Como tal apropriação tem se refletido em sua prática?

O presente artigo é resultante de um estudo exploratório de dados coletados para a minha dissertação de mestrado (Sarraf, 2003) e pretende descrever como as professoras da 1ª série estão assimilando as mudanças teóricas e articulando-as com diretrizes da prática pedagógica.

Para tanto, foram entrevistadas vinte professoras da 1ª série[2] da rede pública de ensino do Estado de São Paulo, cujas escolas estavam localizadas na Zona Norte da cidade (bairros de Vila Maria, Vila Maria Alta, Vila

---

2 Nos anos em que a pesquisa foi realizada, o Ensino Fundamental estava organizado em oito anos, portanto, a sala de 1ª série correspondia prioritariamente ao atendimento de crianças de 7 anos de idade.

Guilherme, Vila Isolina, Jardim Brasil, Vila Sabrina, Vila Medeiros). Todas as professoras possuíam como formação inicial o Curso Normal de nível médio, com no mínimo cinco anos de experiência no magistério.

A idade das professoras entrevistadas variava de 30 a 62 anos, sendo que 75% encontravam-se na faixa dos 41 a 62 anos; eram predominantemente mulheres casadas e mães que estudaram em escola pública e já atuavam no magistério havia mais de 10 anos. Seus pais possuíam baixo nível de escolaridade: 70% dos pais e 65% das mães cursaram apenas o antigo primário.

Para a coleta de dados pessoais utilizei-me de um questionário e da entrevista aberta individual, gravados em fitas cassete para posterior transcrição e análise dos dados. Nas entrevistas, elas apresentaram suas concepções de aprendizagem, de língua escrita e de como se ensina.

Como referencial para a interpretação das entrevistas foram utilizados os princípios e os procedimentos de "Análise de Conteúdo" propostos por Bardin (1977).

A análise de conteúdo aplica-se a um campo vasto que é o das comunicações, pois "tudo o que é dito ou escrito é suscetível de ser submetido a uma análise de conteúdo" (Bardin, 1977, p. 33). Trata-se de uma análise por meio da qual procura-se desvendar aquilo que "está por trás das palavras sobre as quais se debruça"; "compreender os jogadores ou o ambiente do jogo num momento determinado, com o contributo das partes observáveis"; buscar "outras realidades através das mensagens" (Bardin, 1977, p. 44).

Assim, o presente estudo tem como objetivo desvendar as "concepções subjacentes à prática da alfabetização": a aprendizagem, a escrita e o ensino da língua materna na escola.

Concepção de aprendizagem

As professoras, ao responder à questão "como as crianças aprendem?", expressaram três categorias, centrando a aprendizagem: a) na *criança*; b) no *professor*; c) na *interação*.

A categoria centrada na *criança* expressa as respostas de sete professoras que consideram que a criança aprende quando está *interessada* ou *predisposta*, ou pela *memorização* e *assimilação*, pelo *amadurecimento*, ou mesmo porque são os *sujeitos da aprendizagem*. Enfim, a criança aprende quando está pronta ou quando houver interesse de sua parte, conforme se evidencia pelo seguinte depoimento:

> Professora 1[3]. Quando ela está predisposta a aprender, ela aprende. Porque é uma coisa que eu sempre digo... pela predisposição. Ela está predisposta, você joga a informação, se ela estiver predisposta, ela aprende, né? É uma coisa que eu sempre... Eu mesmo sempre falei, não ensino nada. Eles aprendem. Que não dá pra você ensinar "a e i o u". Isso não é ensinar...

A segunda categoria, centrada no *professor*, reflete as falas de seis professoras que focalizam exclusivamente a ação do professor como responsável pela aprendizagem de seus alunos. Na ótica das professoras, a criança aprende por meio da *sistematização* do professor e da sua *dedicação*:

> P3. Eu não sei se faço a maneira correta, mas eu brinco com elas, eu brinco, eu às vezes sou tradicional porque você tem que ser sistemática, se você só fizer a maneira que, às vezes... que os pedagogos hoje acham que é só construtivismo, é só esse negócio..., a criança não fixa, nem aprende, então, você tem que sistematizar pra criança aprender; então, mas em tudo tem que ter um balanceamento.

A terceira categoria, centrada na *interação*, agrupa as falas dos sujeitos que entendem que a aprendizagem da criança é resultante de processos mais complexos que envolvem o aluno, o professor e o objeto de conhecimento.

---

3 Nos depoimentos, as professoras serão indicadas pela letra "P" e um número, conforme foram aleatoriamente identificadas. As transcrições feitas aqui procuraram respeitar a fala original

O uso do verbo no gerúndio é predominante nesse grupo, apontando para a direção de uma ação que se encontra em processo. Para sete professoras, as crianças aprendem *produzindo textos, falando, observando, cantando, criticando, lendo, expressando, vivenciando, brincando e questionando:*

> P11. Observando, questionando, falando o que ela pensa, relatando e é o que eles fazem, comentam, falam [...]

A análise do conjunto dos dados permite identificar no grupo estudado o predomínio de abordagens parciais e reducionistas da compreensão da aprendizagem, uma postura, aliás, compatível com a valorização da "condição" da criança. Seja quando centram a aprendizagem no aluno, seja quando priorizam a ação do professor, tais abordagens demonstram considerar apenas um dos agentes envolvidos. No caso de fracasso, a culpa acaba recaindo sobre o aluno, explicando a falta de potencial ("fraquinho"), pela inadequação de postura ("agressivo", "indisciplinado") e, principalmente, pela sua condição ("carente").

No entanto, a pluralidade nas representações das professoras comprova que, por um lado, não há um tempo único de assimilação e compreensão quanto às concepções de aprendizagem que vêm sendo apresentadas e debatidas ao longo das últimas décadas; e por outro lado demonstra que, apesar das contribuições teóricas, as discussões acadêmicas e os debates político-educacionais não estão chegando às salas de aula a contento.

Em contrapartida, não se pode deixar sem destaque que, mesmo de forma não homogênea, as mudanças nos enfoques pedagógicos estão se processando, já que ao menos parte das professoras percebe na *interação* um caminho para a concretização da potencialidade infantil.

Concepção do papel da linguagem escrita

Buscando compreender a representação dos alfabetizadores acerca do objeto de conhecimento a ser aprendido por seus alunos, pergun-

tou-se às professoras qual o papel da linguagem escrita em nossa sociedade. Com base nos aspectos privilegiados por elas, foi possível identificar três categorias que justificam suas ideias sobre a escrita: a) o *uso restritivo*; b) o *uso social*; c) a *condição social.*

A primeira categoria, *uso restritivo*, agrupa cinco professoras que abordam o papel da língua escrita pelo *uso escolar* ou simplesmente afirmam que sim, *a escrita é importante*, sem justificar o seu uso, ou ainda, percebem-na como *desvalorizada* porque os sujeitos não se importam em escrever errado. Essa concepção, na verdade, aponta para a escrita como simples meio vinculado prioritariamente às convenções gráficas:

> P13. É importante, mas não está muito valorizada. O pessoal escreve tão errado [...] Hoje não, é tudo, tudo no computador, tudo mais fácil.

Para as professoras da segunda categoria, a escrita é importante para os indivíduos responderem às demandas sociais imediatas, ou seja, para *o uso social*. Neste caso, destacam-se as doze professoras que vinculam o papel da escrita ao acesso ao *emprego* e à *execução de funções ligadas ao trabalho*. Em menor escala, mencionam também a escrita como fator necessário para *pegar ônibus, orientar-se, fazer compras, ler placas*. O exemplo que se segue ilustra tais posturas:

> P20. Eu acho que é muito importante. Hoje em dia, tem que saber escrever, saber interpretar, saber ler, porque se você não sabe isso, você não tá preparado pra vida. Você lê uma placa, lê uma coisa, você não sabe ler, não sabe.... né? Precisa comprar alguma coisa, não consegue.

Por sua vez, as três professoras da terceira categoria focalizam a escrita do ponto de vista da *condição social* – a) condição que o sujeito adquire ao se apropriar da linguagem escrita e ao fazer uso dela e b) condição à qual o indivíduo se eleva quando chega a um domínio da

língua –, ao afirmarem que os *analfabetos são como cegos sujeitos a discriminação*, que *não conhecem nada do mundo*. A seguinte fala é exemplo típico dessa visão:

> P14. [*a pessoa que não domina a escrita e a leitura*][4] Está prejudicada, continua prejudicada, certo? Ele só perdeu um rótulo, mas continua muito prejudicada. Pelo fato que a língua escrita tem o papel, tem o papel fundamental. São discriminados, pode até não ser discriminado como antes, mas quando chega na hora de medir a capacidade, ele vai ser discriminado.

Os dois últimos grupos (o *uso social* e *a condição social)* revelam apropriações diferentes, embora não contraditórias, de uma mesma abordagem teórica, o letramento: o primeiro considera a importância do domínio da escrita para os indivíduos usufruírem as práticas sociais de sua comunidade, ou seja, já entenderam a função social da escrita, ultrapassando o uso estritamente escolar; o segundo destaca a possibilidade de uma nova condição do indivíduo, consequência da apropriação da escrita e de suas práticas sociais, isto é, percebe que o uso social confere um novo *status* ao cidadão (Soares, 1995).

Importante ressaltar que as três categorias encontradas podem ser consideradas inclusivas, apresentando graus de evolução, pois passaram de uma concepção mais restrita para uma mais ampla, que envolve as outras duas.

As professoras em questão referem-se mais expressivamente ao *uso social* e, em menor proporção, ao *uso restritivo* e à *condição social*. Uma possível hipótese é a de que estão envolvidas com os dilemas práticos da sala de aula, respondendo às demandas escolares ao focalizarem o *uso restritivo*, mas, ao mesmo tempo, algumas já incorporaram a ideia do uso da escrita além da dimensão meramente escolar. Ainda que não tenham compreendido a possibilidade de transforma-

---

4 Entre colchetes e em itálico encontram-se as intervenções da pesquisadora.

ção do sujeito pela apropriação de práticas sociais da escrita, mostram que a escola, de certa forma, já está sensível às críticas acerca do *uso restritivo* da língua escrita.

O que se ensina na alfabetização

Após sondar a concepção que as professoras têm acerca da linguagem escrita, buscou-se investigar o que elas se propõem a ensinar na alfabetização, perguntando "o que se ensina às crianças de 1ª série" Foram encontradas, também, três categorias: a) alfabetização com ênfase no ensino do *código* alfabético; b) ensino centrado no desenvolvimento de *habilidades*, privilegiando as atividades de compreensão, significação e produção; c) ensino voltado para a *postura* da criança diante da linguagem escrita. Nesse caso, fica evidente a ampla concepção que situa o *status* do sujeito leitor e escritor no contexto social.

Na primeira categoria, ensino centrado no *código,* nove professoras apontam como objetivo pedagógico o ensino de *técnicas de alfabetização, das letras e de formação de palavras*, afirmando que o aluno deve aprender a *ler o que está escrito*, ou seja, *noções de leitura e escrita*, devendo a criança, ao final da 1ª série, saber as *sílabas simples*:

> P14. Alfabetizar seria a gente... É dando condições desse aluno estar, pelo menos, saindo de uma primeira série, dominando, dominando... sabendo ler e escrever, pelo menos as simples; se ele não estiver nessas condições, eu teria que... ou ser barrado como era, ser reprovado; [...] O ideal seria esse saber ler e escrever as sílabas simples. [*no final de seu processo de escolarização*] Ele tem que dominar a leitura e a escrita no final da alfabetização, da escolarização... O que eles chamam de ensino fundamental...? [...]

As sete professoras que compõem a segunda categoria, ensino centrado nas *habilidades*, propõem mostrar para a criança a importância da escrita para o *uso social* (escrever o nome, ir ao supermercado); objetivam ensiná-la a *expressar-se, compreender e produzir textos, extrair sig-*

nificados; destacam o trabalho com a *diversidade textual* e o *conhecimento da nossa língua*:

> P20. Eu acho que diferentes textos, não só aquela coisa de cartilha, mas, eles saberem, tipo, uma receita, bula de remédio pra ver pra que serve, jornal, propaganda, pra ele ter uma noção de tudo.

Por fim, a terceira categoria, ensinar a *postura* diante e devido ao domínio da língua, engloba, de certa maneira, o ensino do código e da habilidade, mas certamente supera essas dimensões, pois incorpora uma transformação do aluno. Nessa perspectiva, as quatro professoras consideram que ensinam a língua para a criança *aprender para a vida, para ser criativa, crítica e observadora; para a cidadania*:

> P11. Que a criança seja criativa, crítica, observadora. [...] Ele não só está aprendendo a ler e a escrever, mas ele está aprendendo outras coisas que são necessárias para a formação dele.

Desse modo, prevalece entre as professoras o ensino centrado no *código* e, em menor proporção, nas *habilidades* e *posturas*. Tais dados podem sugerir que parte significativa das professoras entrevistadas tem recebido poucas informações a respeito dos atuais enfoques sobre o ensino da língua escrita, divulgadas pela literatura especializada, pelos órgãos educacionais e até pelos meios de comunicação, e que percebem a aquisição do sistema alfabético de escrita como único objetivo da alfabetização inicial.

Concepção de língua escrita e de alfabetização

a) O papel da língua escrita e o que se ensina

Objetivando associar a ideia que as professoras têm sobre o papel da escrita e como concebem a alfabetização, propõe-se uma análise comparativa entre as duas categorias.

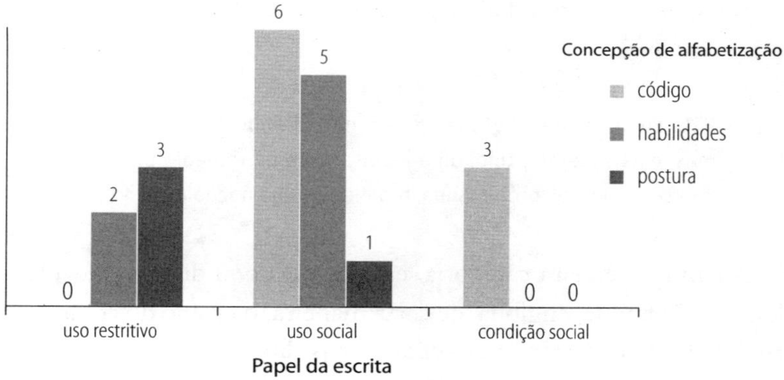

Gráfico 1 - Concepção de alfabetização e do papel da escrita

A análise dos dados permite constatar certa incoerência entre a concepção do papel da língua escrita e o que as professoras entrevistadas propõem para a didática da alfabetização, já que a maior parte daquelas que enfatizam o *uso social* da escrita ou a *condição* proporcionada ao indivíduo privilegiam o ensino do *código,* revelando uma discrepância entre o discurso sobre o papel da língua escrita e o que imaginam que deva ser ensinado na alfabetização. Isso porque, ao mesmo tempo que falam da importância da escrita para o uso social ou para adquirir uma nova condição, consideram que a apropriação do código já garante isso, ou seja, o período de alfabetização limita-se a ensinar o sistema de escrita, deixando para os anos seguintes (outras séries ou a própria vida) a possibilidade de se apropriar de práticas sociais letradas.

Ao lado dessa incoerência encontra-se ainda um descompasso nas falas das professoras que adotam um discurso sobre o papel da língua escrita pelo viés do *uso restritivo* e propõem o ensino de *habilidades* e *postura*, revelando uma visão estrita do que sejam habilidades de leitura e escrita e postura adiante da língua, vinculando-as, provavelmente, às práticas escolares.

Em síntese, tanto aquelas professoras que enfatizam o uso restritivo da escrita como as que consideram seu uso social e a melhor condição que ela proporciona revelam uma visão reducionista do ensino da

língua escrita: as primeiras, restringindo habilidades e posturas a partir de um viés escolar; as demais, atribuindo à simples aquisição do código condição suficiente para o uso da escrita no contexto extraescolar.

Há, portanto, uma incoerência entre a concepção do papel da língua e a visão sobre como se deve ensiná-la. O predomínio de ideias mecânicas e reducionistas relacionadas à alfabetização atesta a resistência da postura da escola tradicional entre as professoras estudadas. Em praticamente trinta anos de profundas revoluções conceituais sobre o ensino da língua escrita[5], a assimilação lenta, parcial e periférica das contribuições teóricas parece explicar a inconsistência de práticas pedagógicas, sustentadas mais pela "força da tradição" do que por sua razão de ser.

b) O "que se ensina" e o "como se ensina"

Em mais uma tentativa de buscar a relação entre os discursos sobre "o que se ensina" e "como se ensina", perguntou-se às professoras que atividades elas desenvolvem para alfabetizar.

Assim, não só as relações predominantemente incoerentes; percebidas ao analisar a concepção sobre o papel da língua escrita e o que se ensina na alfabetização, descritas no item anterior, puderam ser confirmadas como também foram identificadas outras relações.

A evocação de exemplos de atividades para o ensino da língua escrita configura a prática pedagógica em duas tendências típicas: a) confirmar o código pelo vínculo coerente entre o que se ensina e como se ensina; b) propor o código como uma alternativa incoerente para quem (supostamente) valoriza a habilidade e a postura do leitor e do escritor.

No conjunto dos depoimentos, as relações de coerência entre o que as professoras entendem sobre "o que se ensina" e "como se ensina" podem ser sintetizadas pela seguinte tabela:

---

5 Considerando como marco da revolução conceitual a publicação da obra *Psicogênese da língua escrita* (Ferreiro e Teberosky, 1990).

Tabela 1 - Coerência entre o que se ensina e como se ensina

	Código	Habilidades e postura
O que se ensina	9	11
Como se ensina	14	6

No que diz respeito a "o que se ensina", verifica-se que pouco mais da metade das professoras incorporaram em seu discurso uma ideia mais ampla de alfabetização, evocando o ensino de *habilidades e postura*. Porém, ao descrever quais atividades desenvolvem com seus alunos para alfabetizar, observa-se que a maior parte volta-se para o ensino do *código*.

Esse dado confirma o estudo realizado por Colello e Silva (2003) que, analisando práticas alfabetizadoras, atestam a distância entre a assimilação prática e a conceitual das professoras. As autoras apontam para o fato de que, ao lado de situações didáticas renovadas, prevalecem práticas viciadas, calcadas em uma concepção de ensino da língua circunscrita ao exercício motor e ao treinamento do código, ou seja, predomina uma visão técnico-instrumental do ensino da língua. Conforme as autoras,

> [...] a constatação de práticas viciadas no âmbito escolar atesta a dificuldade na assimilação de uma nova postura educacional em face do ensino e, particularmente da alfabetização. [...] Vivemos, portanto, em um momento educacional peculiar que, pedagogicamente, se caracteriza pela convivência entre o saber e o não saber, a busca e a resistência. Nessa fase de transição, somos obrigadas a admitir que, de fato a escola vem sofrendo um considerável impacto, mas que a assimilação do novo é ainda inconsistente. (Colello e Silva, 2003, p. 88-9)

A despeito das incoerências entre o discurso e a prática evocada pelas professoras, seria injusto afirmar que nesses trinta anos de contribuição teórica o ensino permanece o mesmo. Muito pelo contrário: a busca de

alternativas pedagógicas parece evidente, confirmando o salto qualitativo de concepções. É possível perceber a existência de professoras que se encontram em processo de reflexão e transformação, mesmo que suas concepções (ou suas possibilidades práticas) não representem as mudanças no espaço de tempo que pretendemos e idealizamos (em razão do maior tempo necessário à assimilação), nem no modo como a inovação vem sendo feita (em virtude da assimilação parcial, periférica e incompleta). Assim, embora haja professoras que permaneçam com as mesmas premissas de outrora, muitas parecem abertas para introduzir e incorporar novas contribuições acerca do ensino da língua escrita, buscando, talvez, formas de transformá-las em ações didáticas eficazes.

Mas se as alfabetizadoras estão buscando se apropriar de novas tendências pedagógicas e novas práticas de ensino, vale a pena perguntar: o que mais facilmente elas assimilam e onde mais resistem?

Com base nos depoimentos colhidos, parece-me que as professoras aceitam mais facilmente abrir mão da cartilha, da hierarquização da apresentação das famílias silábicas, do uso de palavras-chave predeterminadas; aceitam ampliar suas fontes de escrita e estão mais atentas às experiências e à participação das crianças no processo de ensino e aprendizagem, buscando um fazer diferenciado para o ensino do código.

A maior resistência, por sua vez, encontra-se justamente na forma de sistematização da apresentação do sistema de escrita. Em suas críticas às abordagens atuais, é recorrente a insegurança sobre um processo que não pode ser controlado "passo a passo". O que prevalece é a ideia de respeitar a ordem do simples para o complexo, partindo do estudo e apresentação dos elementos menores da língua: letras, sílabas e frases.

As falas dessas professoras são ilustrativas. O depoimento a seguir representa as professoras que enfatizam o ensino do código, mas buscam alternativas ao modelo clássico de alfabetização:

> P5. Procuro principalmente trazer coisas assim atraentes, né, então, eu trago bichinho pra colar no caderno, menino, menininha, tal. Pri-

meiro, vou ver se a coordenação está boa, porque sem coordenação também a criança pode ser muito esperta, ele não consegue registrar nada direito. Então, eu trabalho mesmo com crianças que são boas, eu trabalho um pouco pra ver a coordenação primária; já vou, desde o início, ensinando a criança a trabalhar com ordem, com limpeza, né com estética porque eles não conhecem. E parto de assuntos bem comuns, né? Porque antigamente começava pelo pato. Sempre pelo pato, de repente a gente pode começar pelo papai, né? Pelo papai que está com ele todo dia, então, eu começo com a letrinha pelo "p" que é papai, depois o "m" que é mamãe. Com o nome dele a gente trabalha bastante com o nome da criança, né? Eu trabalho bastante com "falar o seu nominho": "Tatiana, olha tem 't' no seu nome, lá, vamos ver no papel qual é o enfeite na lousa que começa com 't'" e descobre lá, que o tatu, o tapete, né que eu tiro alguns e coloco outros, não ponho sempre o mesmo, porque eu não acho bom as crianças ficarem sempre pensando que o "p" é sempre do pato. Trabalho assim. Trabalho com pesquisas, às vezes, né? Nome de animais, por exemplo, no caso do "p" o pato, "Eu quero ver amanhã quem vai falar mais sobre o pato", entendeu, e eles trazem viu? Porque a avó tinha um pato, porque ele foi viajar e viu um pato. E trabalho bem a palavra também. (*o que espera no final da alfabetização?*) Que ela saiba ler pelo menos as sílabas simples muito bem, as outras também tem que conhecer, mas se atrapalhar um pouquinho, né?

Divergentes de tal postura são as professoras que já buscam incorporar o uso de textos. É o que fica evidente no depoimento abaixo:

P10. Produção de textos eu..., a gente faz bastante leitura, de livros de histórias; então, quer dizer, mesmo que eles não sabem ler, eles estão relacionando o desenho com aquela escrita , né? Mesmo que eles não saibam, eles olham naqueles monte de letrinhas, mas, ele vai tentar encaixar aquelas letrinhas naquele desenho que ele tá vendo, né, ainda acontece isso. Mas eu uso o método..., não tradicional, né, trabalho com sílaba sim, mas... [*trabalha com família silábica?*] Trabalho com a família silábica mas, as família silábicas dentro, inseridas em um texto, né? A partir desse texto é que a gente vai ti-

> rar a família silábica [*que texto, por exemplo?*] Eu vou dar um texto que tenha assim, que tenha a maioria das palavras tenham o "pá, pé, pi, pó, pu". Então, dentro daquele texto, ele vai ter que achar o "pá, pé, pi, pó, pu", o maiúsculo, o minúsculo. (*tira o texto de onde?*) De livros [...] Então, são de textos pequenos, no começo. Eu tiro de livros e de cartilhas, também.

Sinteticamente, pode-se apresentar essas ideias da seguinte maneira: a professora não usa exclusivamente a cartilha, utiliza outros textos, jornal e revista para recortes de letras, vê o que o aluno traz de sua vivência, mas primeiro precisa ensinar o alfabeto, letras e sílabas. Na verdade, o que predomina é uma relativa dissociação entre o ensino do código e de habilidades textuais. Quando o texto (a história, o conto ou o relato) entra como um complemento (ou um anexo) das práticas alfabetizadoras, flexibiliza-se, ao menos, o reducionismo da cartilha.

A ideia subjacente às falas das professoras é a necessidade de um saber mínimo por parte do aluno, que tem de ser garantido pelo professor, ou seja, a compreensão do sistema alfabético, para depois trabalhar o texto como conteúdo. Dessa forma, essas profissionais não percebem que, se a criança compreender que pode dar sentido aos textos e fazer uso deles em sua variedade, conquistando nova condição social, ela reconhecerá a importância de compreender o sistema de escrita (Colello, 2007a).

Considerações finais

Sem deixar de considerar o momento da coleta de dados, entre 2001 e 2002, a análise das ideias apresentadas pelas professoras leva a destacar a dissociação entre a "ampla compreensão da linguagem que se escreve" e o "domínio do sistema alfabético de escrita" – este, fundamental para a formação do sujeito leitor autônomo, mas não suficiente. Assim, considerados como conteúdos independentes e apresentados de maneira hierarquizada, assume-se o ensino do código como pré-requisito para a inserção da criança na cultura escrita.

Em outra dimensão, é relevante percebermos que a apropriação de certos discursos referentes ao ensino da língua materna não garante sua transposição didática, indicando-nos a urgência da construção e socialização de conhecimentos específicos dessa área do conhecimento, ou seja, uma didática da alfabetização. Esse raciocínio é válido ao inverso, isto é, a mera reprodução de práticas pedagógicas sem a apropriação dos pressupostos que a embasem mostra-se inócua (Colello, 2007b; Sarraf, 2003).

Para finalizar, é importante considerar que as professoras já têm enraizadas algumas ideias e condutas que não necessariamente se dissolvem pelo acesso às "novas" ideias na busca pela atualização; faltam-lhes provavelmente tempo e possibilidades para reflexão. Além disso, transpondo os ensinamentos de Vygotsky para a formação docente, importa questionar se esse professor (agora na condição de aprendiz) pode contar com a figura do "outro mais experiente" que atue como mediador na sua zona de desenvolvimento proximal. Infelizmente, o modo desesperançoso como o professor vê a sua profissão e a solidão com que enfrenta os desafios do dia a dia em sala de aula são decisivos para a cristalização de práticas pedagógicas (Colello, 2007b). Muitas vezes, eles acabam escolhendo o caminho mais fácil e seguro. E esse certamente não é o caminho do "novo", da ousadia e da criatividade.

Mais uma vez, o que está em jogo é a construção de um sistema formativo (entendido nas suas dimensões políticas, pedagógicas e estruturais) que assegure a prática docente como efetivo exercício de reflexão e aprendizagem. Com a sutura entre formação inicial e formação continuada (hoje iniciativas distantes e desarticuladas entre si), torna-se possível perceber que a prática docente, longe de significar um estreitamento de opções, pode ser um espaço para novas aprendizagens, pois com a prática também se aprende, e mais: é na prática docente que se percebe o que se aprendeu, dando continuidade a um longo processo formativo e à progressiva constituição do ser professor diante dos desafios da Educação.

Referências bibliográficas

Bakthin, M. *Estética da criação verbal*. São Paulo: Martins Fontes, 1997.

Bardin, L. Análise de conteúdo. Lisboa: Edições 70, 1977.

Brasil. Secretaria de Educação Fundamental. *Parâmetros Curriculares Nacionais de Língua Portuguesa*, Brasília: MEC/SEF, 1997.

Castorina, J. A. *et al. Piaget-Vigotsky: novas contribuições para o debate*. São Paulo: Ática, 1995.

Colello, S. *Alfabetização em questão*. São Paulo: Paz e Terra, 2007a.

_______. *A escola que (não) ensina escrever*. São Paulo, Paz e Terra, 2007b.

Colello, S.; Silva, N. "Letramento: do processo de exclusão social aos vícios da prática pedagógica". In: Silva, E. R.; Lopes-Rossi, M. A. (orgs.). *Caminhos para a construção da prática docente*. Taubaté: Cabral Editora/Livraria Universitária, 2003.

Costa Val, M. da G.; Rocha, G. (orgs.). *Reflexões sobre as práticas escolares de produção de texto – o sujeito-autor*. Belo Horizonte: Autêntica/Ceale/ FaE/UFMG, 2003.

Curto, L. M.; Morillo, M. M.; Teixidó, M. M. *Escrever e ler*. Porto Alegre: Artmed, 2000. v. I e II.

Ferreiro, E. (org.). *Alfabetização em processo*. São Paulo: Cortez, 1991.

Ferreiro, E. *Com todas as letras*. São Paulo: Cortez,1993.

_______. *Cultura escrita e educação*. Porto Alegre: Artes Médicas, 2001.

_______. *Passado e presente dos verbos ler e escrever*. São Paulo: Cortez, 2002. (Questões da Nossa Época).

Ferreiro, E.; Teberosky, A. *Psicogênese da língua escrita*. Porto Alegre: Artes Médicas, 1990.

Geraldi, J. W. e Citelli. B. (coords.). *Aprender e ensinar com textos de alunos*. São Paulo, Cortez, 2000. v. 1.(Aprender e ensinar com textos)

Grossi, E. P. *Didática da alfabetização*. São Paulo: Paz e Terra, 1990.

Kaufman *et al. Alfabetização de crianças: construção e intercâmbio*. Porto Alegre: Artes Médicas, 1998.

Lerner, D. *Ler e escrever na escola: o real, o possível e o necessário*. Porto Alegre: Artmed, 2002.

Rojo, R. (org.) *Alfabetização e letramento: perspectivas linguísticas*. Campinas: Mercado de Letras Edições, 2002.

Sarraf, M. A. V. *O professor alfabetizador por ele mesmo: retratos da constituição docente*. 2003. Dissertação (Mestrado em Educação). Faculdade de Educação da Universidade de São Paulo (Feusp), São Paulo.

Smolka, A. L. B. *A criança na fase inicial da escrita: a alfabetização como processo discursivo*. São Paulo: Cortez; Campinas: Editora da Universidade Estadual de Campinas, 1999.

Soares, M. *Linguagem e escola: uma perspectiva social*. São Paulo, Ática, 1995.

Teberosky, A. *Psicopedagogia da língua escrita*. São Paulo: Trajetória Cultural; Campinas: Editora da Universidade Estadual de Campinas, 1991.

Weisz, T. *O diálogo entre ensino e aprendizagem*. São Paulo: Ática, 2002.

Zaccur, E. (org.). *A magia da linguagem*. Rio de Janeiro: DP&A Editora/Sepe, 1999.

10 Histórias tecidas: possíveis relações dos professores com a leitura e a escrita

MARTHA SIRLENE DA SILVA

O que pensam as professoras sobre a leitura e a escrita

Considerando a realidade da educação brasileira, parece indiscutível que a reforma escolar para a construção de um ensino de qualidade no país passa necessariamente pela revisão das práticas de alfabetização e por políticas mais ajustadas de formação docente. A despeito dessa convicção, o tratamento integrado desses dois aspectos configura-se ainda como um desafio para as práticas de formação dos educadores.

Na tentativa de contribuir para esse debate, o compromisso deste trabalho (e da pesquisa que se pretende apresentar) é entender o processo de construção de conhecimento do professor nas suas relações com o ensino da língua escrita. É possível pensar em uma articulação entre prática pedagógica e formação docente que, superando a esfera meramente prescritiva, seja também formativa?

Para compreender a conexão entre as experiências de professores alfabetizadores de séries iniciais com leitura e escrita e sua prática docente, procurou-se buscar respostas nas palavras de professoras de uma escola pública, situada na periferia da cidade de São Paulo.

O que se pesquisou diz respeito às manifestações que ocorrem concretamente no cotidiano da escola, onde é possível observar como essas pessoas vão se constituindo professoras nas relações contraditórias da sala de aula, com suas dificuldades, suas angústias, com suas representações pautadas no saber dos alunos. Para responder a

essas indagações, partiu-se das seguintes questões: Em que medida os cursos de formação consideram as experiências dos professores? Esses cursos têm dado voz aos professores? O que leem e o que escrevem os professores?

Para o desenvolvimento da pesquisa, as estratégias metodológicas adotadas foram os relatos e a observação em sala de aula. Nesses relatos detectavam-se momentos carregados de emoção, de imagens do vivido, como também momentos de grande mobilização das memórias (Catani, 1997).

Para que as professoras refletissem sobre sua prática profissional no processo de investigação formativa, iniciou-se a conversa perguntando sobre a trajetória da alfabetização dentro e fora da escola: Quais as pessoas que participaram desse processo? Quais os livros utilizados na escola? Que leituras foram significativas para elas? O que leem e o que escrevem? Enfim, tudo que pudesse esclarecer e fornecer mais requisitos para o estudo. Algumas falas das professoras são bastante significativas:

> O que me recordo é que cheguei a São Paulo nos anos 60, já sabia ler e escrever. Estava com 10 anos de idade e tive que fazer um teste. Acharam que eu não acompanharia a quarta série e tive que voltar para a 1ª série. Senti-me muito triste e desconfortada, pois era a aluna mais velha da sala.

> Sempre gostei muito de ler desde pequena. Na minha adolescência aprimorei minha leitura. Atualmente, estou lendo muito sobre a construção do conhecimento, quais as dificuldades da aprendizagem, para ajudar meus alunos. São muito interessantes!

A descrição do processo formativo, centrado na produção de biografias educativas das aprendizagens das professoras alfabetizadoras, foi possibilitando a reflexão sobre a constituição das professoras como sujeitos (Catani, 1997) que são de suas histórias, colocando-as no centro do processo.

Quando verificou-se que todas as professoras haviam apresentado, oralmente, seus relatos, solicitou-se a escrita de suas narrativas, para que cada uma pudesse reconstruir seu percurso de formação (Josso, 1987).

Nesse momento começaram a surgir resistências das professoras a escrever sobre sua prática em sala de aula, suas histórias de vida e sua trajetória pessoal e profissional. Algumas resistências foram superadas, mas outras permaneceram: "Eu não gosto de escrever. Nem lista de supermercado. A gente não tem tempo. Falar, eu falo, mas escrever, nem pensar!"

As experiências começaram a ser escritas, no início timidamente, depois, aos poucos, algumas professoras foram se entusiasmando com a apresentação:

> Fiz uma viagem no túnel do tempo. No começo foi difícil escrever, mas depois as idéias foram desbloqueando e não tinha mais vontade de parar. Escrever sobre minha prática me levou a ver como o meu fazer pedagógico é importante. Senti saudade da minha infância, da minha primeira professora!

Num universo de dezesseis professoras alfabetizadoras, todas narraram oralmente suas histórias: umas de forma mais envolvente; outras de forma mais contida. Já no que diz respeito a escrever, cinco professoras não o fizeram, por diferentes motivos: porque simplesmente se recusaram a escrever, por terem se aposentado antes da proposta da escrita, pelo número elevado de faltas ou, ainda, por motivo de saúde.

A partir das narrativas e do que foi escrito, buscou-se detectar e interpretar as mensagens nas entrelinhas, analisando as práticas pedagógicas no bojo da investigação formativa.

As práticas de leitura e escrita na sala de aula

Embora todas as professoras tenham apresentado depoimentos importantes, neste artigo o foco foi dirigido para três professoras, três

práticas pedagógicas em alfabetização, três concepções de educação, três visões de mundo: Laura, Sueli e Adriana[1]. Não só por Laura ter sido apontada pela diretora como "a melhor professora da escola", por Sueli ter solicitado ajuda quanto ao desempenho da classe e Adriana ter demonstrado interesse pela pesquisa, mas, principalmente, por representarem, na sua diversidade, tendências do ideário pedagógico do grupo investigado.

Laura, Sueli e Adriana são professoras efetivas, com experiência de mais de quinze anos de magistério, participaram do PEC[2], são casadas, têm filhos, moram em casa própria, possuem carro e estão nesta escola há dez anos. Laura não precisa ajudar a família financeiramente, porque seu marido é o provedor da casa. Sueli divide com o marido todas as responsabilidades financeiras. Adriana enfrenta dificuldades financeiras e, no momento da realização da pesquisa, é a principal mantenedora de sua família.

Laura apresenta em sua fala um tom de descrença. Ao ser indagada sobre os problemas que encontra na escola em relação ao aprendizado da leitura e da escrita, fez observações cujos sentidos podem ser captados nos seguintes fragmentos da sua fala:

> As crianças não se interessam por leitura; têm preguiça de ler; não sabem nem ler gravuras; é preciso fazer um vestibulinho com as crianças que entram na primeira série; não dou livros para os alunos porque não sabem ler [...] alunos sujos falam palavrões e são indisciplinados [...] pais e alunos desrespeitam o professor; pais analfabetos não ajudam seus filhos nas lições de casa; muitos alunos não têm família [...] não há colaboração da escola para com o professor; baixo salário; sala de aula muito numerosa.

1 Para fins de preservação da identidade das professoras entrevistadas, optou-se pelo uso de nomes fictícios.

2 Programa de Educação Continuada (PEC). Possui convênio com a USP, Unesp e PUC. Curso oferecido presencialmente e à distância.

Onde está a esperança dessa professora em mudar a situação das crianças? Imersa na cotidianidade[3], Laura explica os fenômenos educacionais através de concepções estereotipadas e mistificadoras: "não se interessam porque têm preguiça". Quando apresenta essas declarações, um grande número de professoras aplaude, fazendo eco às suas palavras, principalmente ao atribuir as causas do fracasso escolar aos pais de alunos – "são analfabetos, não auxiliam nas lições".

Esses depoimentos evidenciam conflito de classes instalado no contexto escolar: a classe social do aluno pobre não é aceita na sua manifestação concreta (Lefebvre,1991), havendo uma marcante atribuição do fracasso escolar a questões extraescolares.

Na fala de Laura há forte relação entre sujeira e pobreza, como se as camadas pobres vivessem imersas na imundície. Esses valores, crenças e expectativas que circulam na escola determinam muito de suas medidas, como remanejamento e formação de classes ("é preciso fazer um vestibulinho", diz ela).

As palavras de ordem – classificar, remanejar, recuperar – parecem estar em constante busca de uma homogeneidade e da correlação entre nível de escolaridade e classe social defendida pela teoria da privação social, a qual dissimula as verdadeiras razões sociais, políticas e econômicas excludentes através de educação compensatória (Patto, 1984).

Apontada pela diretora como a melhor professora da escola, em função da disciplina de seus alunos, Laura enfatiza bastante a obediência, o silêncio, a aceitação de todas as normas instituídas pela escola, o que dificulta a relação professor-aluno e estimula o conformismo diante da opressão.

Na expressão de Freire (1983, p. 156):

> Desenvolve-se no que rouba a palavra dos outros uma profunda descrença neles, considerados como incapazes. Quanto mais diz a pala-

---

3 Cotidianidade insiste sobre o homogêneo, sobre o repetitivo, sobre o fragmento (Lefebvre, 1991).

> vra sem a palavra daqueles que estão proibidos de dizê-la, tanto mais exercita o poder e o gosto de mandar, de dirigir, de comandar. [...] desta forma é impossível o diálogo.

A leitura que Laura faz de sua realidade através de suas crenças e de sua visão conservadora de mundo é manifestada em sua prática docente, quando explicita que "não dá livros para os alunos porque não sabem ler". Sua prática está pautada na crença de que o conteúdo privilegiado deve ser a aquisição do código de transcrição da linguagem oral; portanto os alunos devem primeiro aprender a ler e a escrever para depois lerem e escreverem.

Segue-se um texto de uma aluna de Laura da 2ª série, que também foi sua aluna na 1ª série e portanto está há dois anos consecutivos com a mesma professora:

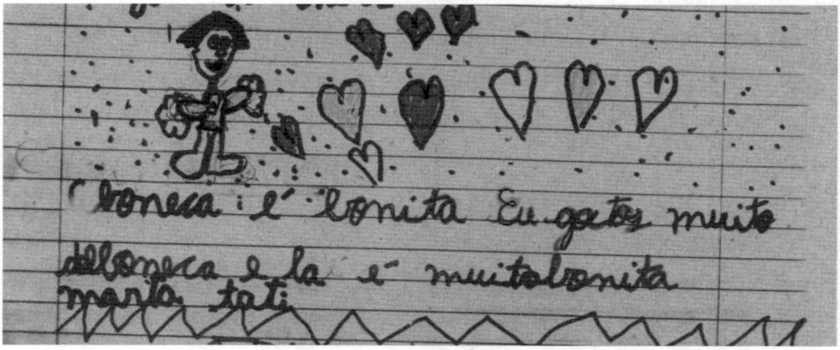

Figura 1 - Texto[4] produzido por Tatiana, de 8 anos, aluna da professora Laura

Embora não apresente erros ortográficos, o "texto" não constitui verdadeiramente um texto com propósitos comunicativos e interlocu-

4 Foi solicitado às crianças que escrevessem sobre uma história que tivessem lido, vivido ou escutado. Transcrição do texto: A boneca é bonita. Eu gosto muito de boneca. Ela é muito bonita. Marta Tati.

tor previsto: trata-se apenas de frases soltas, descontextualizadas, sem coesão nem coerência. Sua configuração parece uma consequência de eventos de escrita tratados como mera prática escolar, projeto exclusivo da escola, com a omissão da função social da escrita e ausência de situações comunicativas.

No período em que a sala de aula de Laura foi visitada, observou-se a ausência de cartazes e de livros, sendo a cartilha o único livro utilizado em seu trabalho pedagógico, e sobre a qual ela assim se manifesta:

> Uso a cartilha **Com todas as letras.** Gosto da cartilha, é muito boa, tem muitos exercícios de fixação. Estou dando sequência na alfabetização com ênfase nas sílabas terminadas em **ão** [...]. Agora comecei com textos [segunda série]. Estou incentivando os conceitos gramaticais, noções de plural, ortografia. Trabalho com textos informativos para eles aprenderem os conteúdos das outras matérias. [...] O texto informativo dá uma visão atualizada e dá para trabalhar determinados conceitos: singular, plural... Trabalhei com o texto "Canção dos direitos humanos" e "Gente tem sobrenome". Este texto é bom para destacar substantivo próprio e comum.

Laura perde a oportunidade de discutir questões relevantes para a vida das crianças e utiliza o texto para priorizar lições tarefeiras que se restringem à escola, em detrimento da visão crítica, do confronto de opiniões, da questão de entendimento de texto, do diálogo, do sentido do texto e da magia do ler e do escrever.

Conforme Duran (1995, p. 13):

> Situações de leitura autênticas exigem materiais de leitura autênticos, de efetivo uso social, e não textos criados especialmente para "ensinar a ler e escrever", como a grande maioria daqueles presentes nas cartilhas [...] considerados mero pretexto para ensinar crianças a decifrar e a copiar – e que se opõem radicalmente à criação de condições de participação da criança em práticas sociais de uso da escrita.

Mas como falar em prática social e magia se a própria professora está tão descrente da profissão? Será que essa professora sempre foi desesperançosa ou a cotidianidade, não possibilitando momentos de reflexão, espaços de diálogo[5], foi atomizando-a, robotizando-a, tirando-lhe a esperança e o sonho?

> Não tenho ânimo para colocar cartazes, porque rasgam... Não conheço e não gosto do construtivismo. Não peço para trazerem livros, revistas de casa porque muitos não trazem. Fico desmotivada... Sinto-me sozinha, a escola não ajuda em nada... Leio livros de autoajuda e livros espíritas para suportar os problemas da vida.

As palavras de Laura são de marcante desencanto, movidas pelo pessimismo, numa atitude de incontido conformismo, desprovida da esperança tão necessária para romper as situações-limite e assumir uma postura crítica diante do mundo. Tudo indica que, para essa professora, faltam situações denominadas por Freire (2000) como atos-limite, através dos quais se transpõe a fronteira entre "o ser e o ser mais". Porque, como nos diz este educador (Freire, 2000, p. 11):

> [...] a desesperança nos imobiliza e nos faz sucumbir no fatalismo onde não é possível juntar as forças indispensáveis ao embate recriador do mundo. [...] Enquanto necessidade ontológica a esperança precisa da prática para tornar-se concretude histórica. É por isso que não há esperança na pura espera, nem tampouco se alcança o que se espera na espera pura, que vira, assim, esperança vã.

Na certeza de que mudar, embora não seja fácil, é possível, é importante salientar momentos em que Laura, na prática do diálogo da investigação formativa, após vários encontros, afirma:

---

5 Ver a esse respeito o capítulo "Alfabetização e formação de educadores", de Colello e Silva (2008, p. 27-46).

> Preciso me adequar, sem perder o conteúdo que acho necessário para meus alunos. Hoje já estou desenvolvendo mais a reflexão. Nestes encontros tenho ouvido depoimentos de colegas e com isto estou procurando renovar minha prática. Acho que trabalhava de uma maneira bem descontextualizada atividades que não eram de interesse de meus alunos. Hoje procuro ver o que estão necessitando neste momento.

Após quatro meses de encontros, discussões e trocas com seus pares, Laura passou a frequentar a biblioteca com seus alunos procurando transformar a leitura em algo mais prazeroso e possibilitando-lhes o acesso a diferentes gêneros literários.

Indiscutivelmente, há professores que apresentam dificuldades em assimilar uma postura educacional diante das exigências do desenvolvimento cognitivo do aprendiz, são resistentes ao processo de transformação da escola e da sociedade. Porém a escola não fica imune às contribuições teóricas, às abordagens pedagógicas democráticas. Convivendo numa mesma escola, há professoras comprometidas, como é o caso de Sueli e Adriana, que buscam o saber, nos caminhos e descaminhos do processo de formação, ora questionando seu próprio trabalho, ora o de seus alunos, mas sempre buscando e refletindo sobre sua própria prática.

A segunda professora que destaco é Sueli. Em um de nossos primeiros encontros, relatou estar confiante com a proposta pedagógica tradicional com a qual atuava e não acreditar em mudanças na área educacional:

> Eu sempre trabalhei com cartilha e meus alunos sempre se alfabetizaram. Por que mudar? Estudei Emilia Ferreiro, Vygotsky, mas prefiro o tradicional

No início do ano, enquanto a professora solicitou que as crianças preenchessem uma folha com a letra "i", percebi que algumas crianças, depois de cumprir mecanicamente a tarefa, aventuravam-se a escrever espontaneamente, tomando a decisão de redigir suas próprias histórias. Foi o caso de Jonathans:

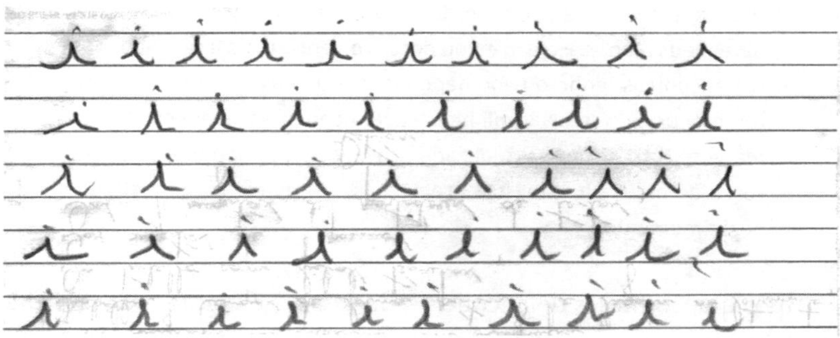

Figura 2 - Primeiro trabalho produzido por Jonathans, de 7 anos, a pedido da professora Sueli

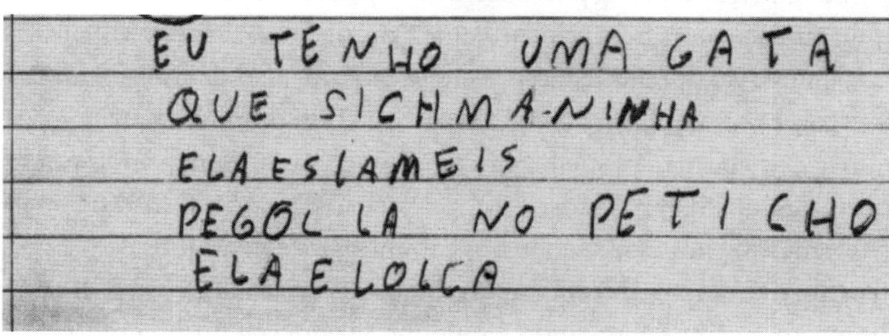

Figura 3 - Segundo trabalho produzido por Jonathans[6]

Segundo Ferreiro (1985), a maneira como a criança concebe a leitura e a escrita é ponto de partida para que o professor possa propor uma linha de ação que contemple tais concepções.

Ao dialogar com Sueli sobre a questão do conhecimento que a criança adquire antes mesmo de entrar na escola, ela foi sendo instigada à necessidade de investigar os conhecimentos prévios de seus alu-

6 Eu tenho uma gata que se chama Ninha.
Ela é siamesa.
Pegou lá no Pet Shop.
Ela é louca.

nos, a direcionar o olhar para tomar decisões sobre dinâmicas de grupo, a propor atividades desafiadoras, enfim, possibilitar que a criança aprenda e que participe da cultura letrada.

Essa experiência possibilitou a Sueli mudanças não só em sua concepção de aluno, mas também em sua concepção de alfabetização nas quais até então ela se baseava. Sueli foi percebendo que não era a única informante na sala de aula e que a interação entre as crianças garante a circulação de informações, pondo em jogo tudo o que a criança sabe, e não apenas promovendo bom convívio social.

Na voz de Sueli:

> Enfrentei barreiras dentro de minhas concepções, achei que seria uma bagunça nas minhas ideias e que não daria certo, mas descobri que se eu quisesse me achegar aos meus alunos deveria mudar logo. [...] comecei a refletir sobre a minha prática, a conhecer melhor meus alunos. [...] me senti desafiada a começar, nem que fosse para provar para você que não daria certo. Me enganei quando em alguns momentos escutei na sala "professora, eu já sei ler"... "Professora, meu filho tenta ler tudo o que vê na frente". Quando iniciei o trabalho com quadrinhas, ao escrever na lousa, ouvi muitos lendo, outros balbuciando e outros ainda tentando ler sem receio algum. Neste processo, eles avançaram dentro de suas possibilidades.

Adriana, a terceira professora, chega à escola ao meio-dia, após uma jornada em outra escola pública. Ao ser indagada sobre as dificuldades em sala de aula e na escola, explicita:

> Falta trabalho coletivo nesta escola; há necessidade de discutir uma linha pedagógica; há ausência de discussão sobre a visão de mundo dos professores; há necessidade de elaboração do projeto político-pedagógico; falta de apoio da direção [...] há discriminação e preconceito dentro desta escola; não valorização das experiências das crianças [...] família ausente; [...] falta de humildade dos professores em aprender mais, ouvir mais.

Ao se indignar, ao desvendar o que a escola procura silenciar, recusar e escamotear, Adriana nos leva a refletir sobre o pensamento de Lefebvre (1991), para quem o conhecimento da sociedade implica o conhecimento da vida cotidiana[7] e o conhecimento da vida cotidiana implica o conhecimento da sociedade.

E Adriana ainda apresenta outras críticas: "O que me entristece mesmo é o ambiente da escola, são as colegas resistentes, suas visões de mundo... Criticam o trabalho da gente sem ao menos conhecer".

Ao apresentar essas críticas, seja no aspecto pessoal, seja no campo pedagógico ou administrativo, Adriana está denunciando que, no funcionamento da escola, o que prevalece é a lógica excludente do sistema capitalista. Reivindica a possibilidade de os professores discutirem suas visões de mundo. Isso significa uma visão mais compreensiva da totalidade que, no dizer de Giroux (1986), "é importante para que os professores situem suas crenças, valores e práticas dentro de um contexto, de forma que seus significados latentes possam ser melhor entendidos". Partindo dessa concepção, o conhecimento não pode advir de um ato de "doação" (Freire, 2000), mas deve se dar por meio de processo que se realiza no contato do homem com o mundo experienciado, vivenciado, dinâmico e em constante transformação.

Adriana lutou para permanecer com os alunos do ano anterior para dar continuidade ao trabalho iniciado na 1ª série, formando grupo de resistência contrário às ideias de remanejamento e formação de classe. Rejeitando a ideia de que escola é simplesmente local de instrução, não apenas politiza a noção de cultura da escola como também indica a necessidade de analisar a cultura da escola dentro do terreno cambiante de luta e contestação (Giroux, 1986). Adriana afirma:

> Continuo com meus alunos este ano porque pedi para dar continuidade ao meu trabalho. Percebo a importância de o professor permanecer com a mesma turma para que eles se sintam mais seguros.

---

7 Vida cotidiana entendida como um nível de realidade social (Lefebvre, 1991).

> Sei exatamente aonde cada um chegou e o caminho que percorreu, sei das dificuldades que terão que ultrapassar com a minha interferência. Há crianças que despertam no final do ano e a continuidade possibilita que fiquem mais confiantes, sintam mais liberdade para se expressarem.

Para Adriana, a alfabetização é mais que o domínio de certas habilidades, pois centra sua preocupação, por meio do diálogo, em temas que têm relação com a questão da cidadania e dos valores que fundamentam a vida das crianças. Por isso promove debates, apresenta filmes e incentiva discussões de temas atuais. Um texto de uma de suas alunas da segunda série, de 7 anos, indica como é seu trabalho em sala de aula:

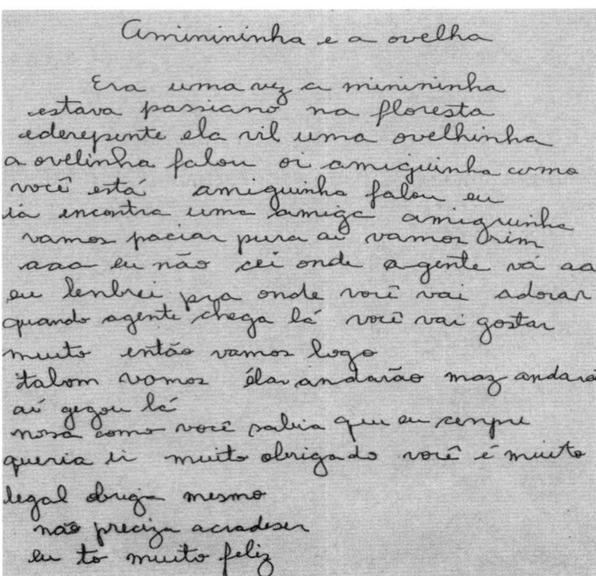
A menininha e a ovelha

Era uma vez a menininha
estava passiano na floresta
ederepente ela vil uma ovelhinha
a ovelinha falou oi amiguinha como
você está amiguinha falou eu
lá encontra uma amiga amiguinha
vamos paciar pura aí vamos sim
aaa eu não sei onde agente vá aa
eu lenbrei pra onde você vai adorar
quando agente chega lá você vai gostar
muito então vamos logo
tabom vamos élas andarão mas andarão
aí gegou lá
nossa como você sabia que eu sempre
queria ir muito obrigado você é muito
legal obriga mesmo
não preciza acradeser
eu to muito feliz

Figura 4 - Texto produzido por Amanda, de 7 anos, aluna da professora Adriana[8]

---

8 **A menininha e a ovelha**

Era uma vez a menininha que estava passeando na floresta. De repente ela viu uma ovelhinha.

Esse texto, produzido na minha presença, revela que a aluna tem contato com textos de circulação social, não tem medo de ousar, sabe que, para escrever, é necessário um mínimo de coesão e coerência, conseguindo produzir e interpretar mensagens orais e escritas com relativa facilidade.

Por trás das práticas

A análise das práticas pedagógicas de Laura, Sueli e Adriana, mostra que, por trás de suas ações, há um conjunto de ideias, de teorias que constroem suas concepções, diferentes visões de mundo (Silva, 2005), impregnadas de valores conservadores ou progressistas. São concepções que não só fundamentam práticas mais ou menos ajustadas, mas também condicionam uma certa disponibilidade pessoal para a revisão de sua prática pedagógica.

O processo da investigação formativa desenvolvido nessa escola evidencia a importância de um elemento articulador que dialogue com a professora alfabetizadora para que ela possa refletir sobre sua prática. Ser alfabetizador envolve um repertório de conhecimentos que vai da

---

A ovelhinha falou:
– Oi, amiguinha? Como você está?
Amiguinha falou:
– Eu ia encontrar uma amiga.
– Amiguinha, vamos passear por aí?
– Vamos sim.
– Ah! Você vai adorar quando a gente chegar lá. Você vai gostar muito.
– Então vamos logo.
– Tá bom. Vamos.
Elas andaram, mas andaram aí chegaram lá.
– Nossa, como você sabia que eu sempre queria ir?
– Muito obrigado. Você é muito gentil. Muito obrigado mesmo.
– Não precisa agradecer.
– Eu to muito feliz.

concepção de leitura de mundo contextualizada à didática do ensinar e do aprender a ler e escrever.

Nessa perspectiva, como podemos pensar num processo de capacitação meramente prescritivo e no pouco dialógico se cada professor tem sua trajetória formativa e autoformativa? Se cada professor traz experiências de vida diferentes em relação à sua inserção na cultura letrada? O que se observa nesta pesquisa é que as posturas das professoras mudam quando elas são respeitadas em seu processo formativo e em consonância com o momento em que se encontram; mudança que pode ser percebida como uma ruptura, conforme revela a fala de Laura:

> Já fui muito tradicional. Vejo que procuro me adequar sem perder o conteúdo. Preciso desenvolver mais a reflexão em meus alunos. Acho que os alunos têm outras necessidades neste momento. Não tive formação para trabalhar de outra forma [...].

Já Adriana possibilitava aos seus alunos acesso a diferentes textos, à escrita espontânea, tão necessária no processo da construção da escrita, porém não considerava relevante a revisão textual, que era desenvolvida sem ênfase na qualidade e na eficácia, sem propor às crianças situações que encaminhassem o olhar para sua própria produção.

Ao perceber a importância de uma intervenção adequada, a professora mudou seu enfoque, passando a enfatizar os usos sociais da linguagem em situações mais e menos formais, com o objetivo de promover o desenvolvimento de papéis linguísticos e da competência comunicativa dos alunos.

Quanto ao processo de mudança no trabalho pedagógico de Sueli, ele se inicia no momento em que rompe com a concepção de alfabetização, segundo a qual a aprendizagem é aditiva, isto é, ocorre do simples para o complexo, com uma progressão linear de uma letra a outra, de uma palavra a outra, de uma frase a outra, até chegar ao texto.

Ao reformular o processo alfabetizador de seus alunos, Sueli desenvolve um trabalho baseado em textos, em projetos de língua escrita, tornando o ensino muito mais significativo para seus alunos.

Nesse sentido, o processo formativo que considere o repertório pessoal e profissional com suas histórias de vida, suas experiências, e que não estabeleça ruptura com o saber do professor, mas respeite suas vivências e sua trajetória profissional, favorece o pensar sobre sua prática. Definitivamente não é um trabalho massificador que irá garantir a reflexão no âmbito da prática profissional.

As concepções de alfabetização, o gosto pela leitura, o prazer em escrever não são construídos apenas durante a formação acadêmica, mas ao longo da vida e na trajetória profissional e pessoal. Mais uma razão para serem revividas e recuperadas no decorrer dos processos formativos.

Algumas reflexões

As respostas às perguntas que conduziram esta investigação levaram a concluir que são realmente poucos os professores amantes de livros e também que a escola brasileira não tem cumprido sua função social, seu papel cultural, visto que não possibilita e não favorece práticas objetivas de leitura e de escrita na formação desses profissionais.

Dessa forma, colocar as professoras alfabetizadoras no centro da investigação possibilitou partilhar com elas a intenção de instituir uma nova cultura na formação de professores (Nóvoa, 1995).

Na tentativa de repensar as práticas de leitura e escrita, Colello (2004, p. 115) leva-nos a refletir:

> Se descartássemos as explicações mais simplistas (verdadeiros mitos da educação) que culpam o aluno pelo fracasso escolar; se admitíssemos que os chamados "problemas de aprendizagem" se explicam muito mais pelas relações estabelecidas na dinâmica da vida estudantil; se o desafio do ensino pudesse ser enfrentado a partir da necessidade de compreender o aluno para com ele estabelecer uma relação dialógica, significativa e compromissada com a construção do conhecimento; se as práticas pedagógicas pudessem transformar

> as iniciativas meramente instrucionais em intervenções educativas; talvez fosse possível compreender melhor o significado e a verdadeira extensão da não aprendizagem e do quadro de analfabetismo no Brasil.

Partindo dessa perspectiva, até quando os cursos de formação de professores alfabetizadores vão ignorar suas experiências e, principalmente, suas histórias de vida? A quem interessa que se perpetue esse tipo de formação? Por que é tão difícil dar voz aos professores e aos professores alfabetizadoras?

Da mesma forma, como pensar numa atualização profissional sem um processo formador? Como exigir do professor alfabetizador que seja leitor e escritor se, na sua história de vida pessoal e profissional inexistiu o verdadeiro ato de ler e de escrever?

Uma discussão conceitual sobre o ler e o escrever, envolvendo as histórias de vida dos professores, suas experiências com leitura e escrita, trazendo a literatura, a poesia, os textos de ficção, os filmes, enfim, diferentes linguagens para os cursos de formação, se faz necessária. Mas só isso ainda não basta. Ser professor requer um repertório de conhecimento que implica uma didática de ensinar e de aprender a leitura e a escrita, e que também envolve uma concepção de alfabetização intrinsecamente ligada à visão de mundo, de educação, de aluno.

Para a Laura, Sueli e Adriana, que tecem suas histórias como educadoras nas possíveis relações com a leitura e a escrita...

Referências bibliográficas

CATANI, D. B. (org.). *Docência, memória e gênero: estudos sobre formação* São Paulo: Escrituras, 1997.

COLELLO, S. M. G. *Alfabetização em questão*. Rio de Janeiro: Paz e Terra, 2004.

COLELLO, S. M. G.; SILVA, M. S. "Alfabetização e formação de educadores". In: LAUAND, J. Filosofia e educação: Estudo 12. São Paulo: Factash, 2008 .

DURAN, M. C. G. *Alfabetização na rede pública de São Paulo – A história de caminhos e descaminhos do ciclo básico*. 1995. Tese. (São Paulo: Pontifícia Universidade Católica, tese de doutorado, 1995, (245 p.)

DURAN, M. C. G. *Emilia Ferreiro – Uma concepção do desenvolvimento da escrita na criança*. Rio de Janeiro: Vozes, 2009.

FERREIRO, E. *Passado e presente dos verbos ler e escrever*. São Paulo: Cortez, 2002.

FERREIRO, E.; TEBEROSKY, A. *Psicogênese da língua escrita*. Porto Alegre: Artes Médicas, 1985.

FREIRE, P. *Pedagogia da esperança – Um reencontro com a pedagogia do oprimido*. 7. ed. São Paulo: Paz e Terra, 2000.

FREIRE, P. *Pedagogia do oprimido*. 14. Ed. Rio de Janeiro: Paz e Terra, 1983.

GIROUX, H. *Teoria crítica e resistência em educação: para além das teorias da reprodução*. Rio de Janeiro: Vozes, 1986.

JOSSO, C. "Da formação do sujeito ao sujeito da formação". In: NÓVOA, A.; FINGER, M. *O método e a formação*. Lisboa: Ministério da Saúde, 1987.

LEFEBVRE, H. *A vida cotidiana no mundo moderno*. São Paulo: Ática, 1991.

LISPECTOR, C. *A Hora da estrela*, Rio de Janeiro: Rocco, 1977.

NÓVOA, A. (org.). *Vida de professores*. 2. ed. Porto: Porto, 1995.

PATTO, M. H. S. *Psicologia e ideologia: uma introdução crítica à psicologia*. São Paulo: T. A. Queiroz, 1984.

SILVA, M. S. da. "Alfabetizadoras: construindo biografias educativas, refletindo sobre a leitura e a escrita". *Memória, Educação & Linguagem* – 11, São Paulo, Umesp, jan.-jun. 2005.

As autoras

ANDRÉA LUIZE

Graduada em Pedagogia pela Faculdade de Educação da Universidade de São Paulo (Feusp) e mestre pela mesma instituição, foi professora de educação infantil e das séries iniciais do Ensino Fundamental I e atua na formação de educadores. Desde 2008 trabalha como coordenadora do núcleo de práticas de linguagem da Escola da Vila. Coordena o curso de Especialização em Alfabetização, no qual também ministra aulas, e oferece outros cursos no Centro de Formação da Escola da Vila.

ÉRICA DE FARIA DUTRA

Formada em Pedagogia pela Universidade Anchieta (Unianchieta), é especialista em Psicopedagogia pela mesma instituição e em Construtivismo e Educação pela Facultad Latinoamericana de Ciencias Sociales (Flacso), na Argentina. Mestranda na Faculdade de Educação da USP, tem experiência como professora de séries iniciais e atuou na formação de educadores. Nessa condição, participou de diversos eventos acadêmicos e iniciativas de formação continuada. Atualmente, trabalha com formação de professores na rede municipal de São Caetano do Sul (SP). É membro do Grupo de Estudos e Pesquisas sobre Alfabetização e Letramento (Geal).

GLÁUCI HELENA MORA DIAS

Formada em Letras pela Universidade de Sorocaba (Uniso), é especialista, pela mesma instituição, em Linguagem nos Meios de Comunicação e mestre em Psicologia e Educação pela Faculdade de Educação da Universidade de São Paulo (Feusp). Trabalhou nos programas de formação continuada da Secretaria Municipal de Sorocaba, de Votorantim e de Piedade. Atualmente, é docente nos cursos de Letras e Pedagogia da Veris Faculdades, em Sororcaba. É membro do Grupo de Estudos e Pesquisas sobre Alfabetização e Letramento (Geal).

MÁRCIA MARTINS CASTALDO

Bacharel e licenciada em Letras pela Faculdade de Filosofia, Letras e Ciências Humanas da Universidade de São Paulo (FFLCH-USP), com habilitação em Português, Inglês e Francês, fez mestrado e doutorado na Faculdade de Educação da Universidade de São Paulo (Feusp). Realiza trabalhos de docência, assessoria e coordenação em Língua Portuguesa, com ênfase em ensino de redação, nas redes particular e pública nos diversos níveis de ensino. Coordenadora pedagógica de uma escola da prefeitura do município de São Paulo, é pesquisadora do Grupo de Estudos e Pesquisas sobre Alfabetização e Letramento (Geal).

MARIA APARECIDA VEDOVELO SARRAF

Formada em História pela Universidade de São Paulo (USP) e em Pedagogia pelas Faculdades Integradas Nove de Julho (hoje Uninove), é especialista em Psicopedagogia pelo Instituto Sedes Sapientiae, e mestre em Educação pela Faculdade de Educação da Universidade de São Paulo (Feusp). Atuou como docente em cursos de formação de professores no Ensino Médio. Atualmente, dá aulas no curso de Pedagogia do Centro Universitário Salesiano (Unisal-SP) e trabalha nos programas de formação continuada da Secretaria Municipal de São Paulo. É membro do Grupo de Estudos e Pesquisas sobre Alfabetização e Letramento (Geal).

MARIA DE LURDES VALINO

Formada em Psicologia pela Pontifícia Universidade Católica de São Paulo (PUC-SP) e em Pedagogia pela Universidade Paulista (Unip), é mestre em Educação pela Faculdade de Educação da Universidade de São Paulo (Feusp). Docente nos cursos de Pedagogia e Psicologia da Universidade Cruzeiro do Sul (Unicsul), em São Paulo, atua também na área de Educação de Jovens e Adultos. Como pesquisadora, participa de eventos acadêmicos e de formação de professores, tendo ministrado inúmeras palestras. É membro do Grupo de Estudos e Pesquisas sobre Alfabetização e Letramento (Geal).

MARTHA SIRLENE DA SILVA

Formada em Pedagogia pela Faculdade de Filosofia Ciências e Letras Braz Cubas, é especialista em Supervisão e Educação pela Pontifícia Universidade Católica de São Paulo (PUC-SP). Mestre em educação pela Universidade Metodista de São Paulo (Umesp), tem experiência como professora universitária e como coordenadora pedagógica na rede municipal de ensino. Atua em progra-

mas de formação permanente destinados a professores da rede pública e privada. Assessorou projetos pedagógicos na Secretaria Municipal de Educação de São Paulo e de outros municípios. Na condição de pesquisadora, é membro do Grupo de Estudos e Pesquisas sobre Alfabetização e Letramento (Geal).

NILMA GUIMARÃES

Graduada em Letras Clássicas e Vernáculas pela Faculdade de Filosofia, Letras e Ciências Humanas da Universidade de São Paulo (FFLCH-USP), é doutoranda em Psicologia e Educação pela Faculdade de Educação da Universidade de São Paulo (Feusp). Mestre em Educação pela mesma instituição, é licenciada, também por ela, em Língua Portuguesa e Literaturas de Língua Portuguesa. Atua como docente no Instituto Superior de Educação, de Santa Rita do Sapucaí (MG) e na Faculdade de Direito do Sul de Minas (FDSM). É membro do Grupo de Estudos e Pesquisas sobre Alfabetização e Letramento (Geal).

SILVIA M. GASPARIAN COLELLO

Formada em Pedagogia pela Faculdade de Educação da Universidade de São Paulo (Feusp), fez mestrado e doutorado nessa mesma instituição, onde atua como docente nos cursos de graduação e de pós-graduação. Coordenou cursos de capacitação docente, ministrou inúmeras palestras e prestou assessoria para escolas particulares e públicas, coordenadorias de ensino e secretarias de educação. Coordena o Grupo de Estudos e Pesquisas sobre Alfabetização e Letramento (Geal). Autora de inúmeros artigos no Brasil e no exterior, lançou os seguintes livros: *Alfabetização em questão* (Paz e Terra, 2004); *A escola que (não) ensina a escrever* (Paz e Terra, 2007) e *Alfabetização e letramento: pontos e contrapontos* (em coautoria com Sérgio Leite e Valéria Arantes, Summus, 2010).

TERESA CRISTINA FERNANDES TEIXEIRA

Formada em Fonoaudiologia pela Faculdade de Medicina da Universidade de São Paulo (FMUSP), é mestre em Psicologia e Educação pela Faculdade de Educação da Universidade de São Paulo (Feusp). Tem experiência no atendimento de crianças com problemas na área da linguagem oral e escrita e em orientação de professores (Educação Infantil e Ensino Fundamental). Atua como fonoaudióloga em uma clínica que atende portadores de problemas de aprendizagem. É membro do Grupo de Estudos e Pesquisas sobre Alfabetização e Letramento (Geal).

dobre aqui

Carta-
-resposta

9912200760/DR/SPM
Summus Editorial Ltda.

CORREIOS

CARTA-RESPOSTA

NÃO É NECESSÁRIO SELAR

O SELO SERÁ PAGO POR

grupo editorial summus

AC AVENIDA DUQUE DE CAXIAS
01214-999 São Paulo/SP

dobre aqui

summus editorial

CADASTRO PARA MALA DIRETA

Recorte ou reproduza esta ficha de cadastro, envie-a completamente preenchida por correio ou fax, e receba informações atualizadas sobre nossos livros.

Nome:________________ Empresa:________________
Endereço: ☐ Res. ☐ Com. ________________ Bairro:________________
CEP: ________-______ Cidade: ________________ Estado: ______ Tel.: (   ) ________________
Fax: (   ) ________________ E-mail: ________________ Data de nascimento: ________________
Profissão:________________ Professor? ☐ Sim ☐ Não Disciplina: ________________

1. Você compra livros:

☐ Livrarias ☐ Feiras
☐ Telefone ☐ Correios
☐ Internet ☐ Outros. Especificar:________________

2. Onde você comprou este livro?

____

3. Você busca informações para adquirir livros por meio de:

☐ Jornais ☐ Amigos
☐ Revistas ☐ Internet
☐ Professores ☐ Outros. Especificar:________________

4. Áreas de interesse:

☐ Educação ☐ Administração, RH
☐ Psicologia ☐ Comunicação
☐ Corpo, Movimento, Saúde ☐ Literatura, Poesia, Ensaios
☐ Comportamento ☐ Viagens, *Hobby*, Lazer
☐ PNL

5. Nestas áreas, alguma sugestão para novos títulos?

____

6. Gostaria de receber o catálogo da editora? ☐ Sim ☐ Não

7. Gostaria de receber o Informativo Summus? ☐ Sim ☐ Não

cole aqui

Indique um amigo que gostaria de receber a nossa mala direta:

Nome:________________ Empresa:________________
Endereço: ☐ Res. ☐ Com. ________________ Bairro:________________
CEP: ________-______ Cidade: ________________ Estado: ______ Tel.: (   ) ________________
Fax: (   ) ________________ E-mail: ________________ Data de nascimento: ________________
Profissão:________________ Professor? ☐ Sim ☐ Não Disciplina: ________________

Summus Editorial
Rua Itapicuru, 613 7º andar 05006-000 São Paulo - SP Brasil Tel. (11) 3872-3322 Fax (11) 3872-7476
Internet: http://www.summus.com.br e-mail: summus@summus.com.br

Dados Internacionais de Catalogação na Publicação (CIP)
(Câmara Brasileira do Livro, SP, Brasil)

Textos em contextos : reflexões sobre o ensino da língua escrita / Silvia M. Gasparian Colello (org.). — 2ª ed. — São Paulo : Summus, 2011.

Vários autores.
Bibliografia.
ISBN 978-85-323-0711-8

1. Ensino 2. Escrita 3. Leitura I. Colello, Silvia M. Gasparian.

10-12261 CDD-469.107

Índice para catálogo sistemático:

1. Escrita : Português : Linguística : Estudo e ensino 469.107

TEXTOS EM CONTEXTOS